E-Book inside

Mit dem Kauf dieses Buchs erhalten Sie das zugehörige E-Book gratis. Sie können dabei aus drei Dateiformaten wählen: EPUB (gängiges Format für E-Reader und Tablets), PDF (für PC und Laptop) oder MOBI (für den Amazon Kindle). So kommen Sie an Ihr kostenloses E-Book:

Rufen Sie im Internet diese Website auf:
↗ http://www.junfermann.de/ebook-inside

Geben Sie den unten stehenden Code in das dafür vorgesehene Feld ein und klicken Sie → Code einlösen. Nach Eingabe Ihrer E-Mail-Adresse und Auswahl des E-Book-Formats erhalten Sie sofort einen Download-Link für das gewünschte E-Book an Ihre E-Mail-Adresse.

Bitte beachten Sie, dass der Code für Sie personalisiert wird und nur einmal gültig ist. Die Datei müssen Sie zunächst auf Ihrem Computer speichern, bevor Sie sie auf ein mobiles Endgerät überspielen können.

XGTIC1IM

Rosemarie Meier-Dell'Olivo

Die Leichtigkeit des Schreibens

Anregungen und Methoden
für Tagebuch und freies Schreiben

www.junfermann.de

blogweise.junfermann.de

www.facebook.com/junfermann

twitter.com/junfermann

www.youtube.com/user/Junfermann

www.instagram.com/junfermannverlag

ROSEMARIE MEIER-DELL'OLIVO

DIE LEICHTIGKEIT DES SCHREIBENS

Anregungen und Methoden für Tagebuch und freies Schreiben

Junfermann Verlag
Paderborn
2020

Coverfoto © Weigand / Photocase

Junfermann Druck & Service GmbH & Co. KG, Paderborn

Satz Peter Marwitz, Kiel (etherial.de)

Bibliografische Information der Deutschen Nationalbibliothek

Die Deutsche Nationalbibliothek verzeichnet diese Publikation in der Deutschen Nationalbibliografie; detaillierte bibliografische Daten sind im Internet über ↗ http://dnb.d-nb.de abrufbar.

ISBN 978-3-95571-950-0

Dieses Buch erscheint parallel als E-Book
ISBN: 978-3-7495-0096-3 (EPUB), 978-3-7495-0097-0 (MOBI), 978-3-7495-0098-7 (PDF).

Inhalt

Einführung

Das Tagebuch ist ein Begleiter auf der Lebensreise.

Dieses Buch lädt dazu ein, Ihren Alltag bewusst zu erleben und aus dieser Bewusstheit heraus Gedanken wie einzelne Mosaiksteinchen zu Papier zu bringen. Alles, was Sie mitbringen müssen, ist ein bisschen Neugierde, Experimentierlust und die natürliche, spontane Freude, sich schreibend auszudrücken. Der Begriff „Tagebuch" soll Sie nicht hindern. Es geht nicht darum, täglich zu schreiben. Das Heft oder das Buch, das Sie ausgewählt haben, begleitet Sie vielleicht über Jahre. Dazwischen liegt ein längerer Zeitabschnitt, eine Schreib-Brachzeit, die Sie nicht hindern soll, irgendwann die leeren Seiten zu füllen.

Viele Teilnehmer*innen meiner Kurse haben in ihrem Leben Tagebuch geschrieben. Die wenigsten davon schrieben jedoch über eine längere Zeit. Mir selbst erging es nicht anders. Ich schrieb früher vor allem dann, wenn meine Gefühle überschwappten, wenn ich in einer Extremsituation war. Sobald ich zur Ruhe kam, hörte ich wieder auf. Das, was ich herausschreien musste, hatte ich mir von der Seele geschrieben, und nur selten verspürte ich danach das Bedürfnis, das Geschriebene nochmals durchzulesen.

Später bemühte ich mich, regelmäßig zu schreiben. Auch wenn mein Leben ruhig verlief, gab es in mir und um mich herum viel Spannendes zu entdecken, welches es wert schien, festgehalten zu werden. Ich wagte nunmehr, mit der Sprache zu spielen, neue Formen auszuprobieren, neue Worte zu erfinden. Je mehr ich wagte, desto schneller füllte ich Seite um Seite, und das wiederum spornte mich an, weiterzuschreiben. Allein das Durchblättern meiner früheren Aufzeichnungen gab mir genug Energie, fortzufahren und noch mehr zu experimentieren.

An dieser Freude und Lust möchte ich Sie, liebe Leserinnen und Leser, teilhaben lassen. Dieses Buch begleitet Sie, wenn Sie …

- schon lange Tagebuch schreiben und trotzdem neugierig sind auf neue Schreibideen und -methoden.
- schreiben möchten, aber der Meinung sind, Ihr Leben verlaufe farblos.
- sich schon lange gerne schriftlich ausdrücken möchten, jedoch glauben, Ihre Ausdrucksweise sei ungeschliffen und ungeschickt.
- wenig Zeit haben und trotzdem ein Tagebuch führen möchten.
- sich gedanklich immer wieder im Kreise drehen und nicht wissen, wie Sie diesem Strudel entkommen können.

- der Ansicht sind, Ihr Leben gleite viel zu schnell an Ihnen vorbei, sodass Sie einige Punkte daraus festhalten möchten und nur nicht recht wissen wie.
- das eigene Bewusstsein weiter entwickeln möchten.
- schreiben als schöpferisches Ausdrucksmittel erkannt haben und nach neuen Ideen suchen.
- mit der Sprache spielen und experimentieren und die Leichtigkeit des Schreibens erfassen wollen.
- sich überraschen lassen möchten, was für Schätze in Ihnen stecken, und festhalten wollen, was Sie denken, fühlen, wie Sie handeln und was Ihnen im Leben wichtig ist.

Schreiben ist ein schöpferisches Ausdrucksmittel, das stimuliert und befreit. Es ist ein kreativer Akt und ein Abenteuer. Wir beginnen und wissen oft nicht, wohin unsere Reise führt, und gerade das macht sie so spannend.

Schreiben Sie Ihre Gedanken auf wie ein buntes Kaleidoskop. Ideen finden Sie in diesem Buch zuhauf. Selbstverständlich müssen Sie es nicht von vorne bis hinten durcharbeiten. Suchen Sie sich die Kapitel und Schreibimpulse aus, die Sie ansprechen. So entsteht nach und nach Ihr ganz persönliches Lebensarchiv, das immer weiter ausgebaut werden kann.

1. Schreiben hinterlässt Spuren

1.1 Schreiben als Trainingsgelände für unsere Seele

*Tagebuchschreibende werden
nicht gelebt – sie leben.*

Warum schreiben Menschen Tagebuch? Oder anders gefragt: *Warum haben Sie dieses Buch gekauft?* Es gibt verschiedene Antworten auf diese zwei Fragen, von denen ich einige aufgreifen werde.

Haben Sie auch manchmal das Gefühl, Ihr Leben fliegt einfach so davon? Kaum erlauben Sie sich eine Verschnaufpause, bei der Sie kurz mit sich allein sind, ist es bereits wieder Abend. Wer schreibt, nimmt sich und seine Umgebung stärker wahr. Tagtäglich ziehen unendlich viele Impressionen an uns vorbei, manche hinterlassen Spuren, andere bemerken wir kaum. Wenn wir regelmäßig einige Eindrücke und Gefühle, Erlebnisse und Beobachtungen mosaikartig aufzeichnen, werden wir nicht gelebt, sondern leben bewusst.

„Schreiben ist ein ständiges Mit-sich-im-Gespräch-Sein“ (Friedrich Dürrenmatt) und eine wunderbare Möglichkeit, schöpferisch tätig zu sein. Wenn wir schreiben, sind wir beides: der Sprechende und der Hörende. Erlebnisse, Erfahrungen, Gefühle, Gedanken und Fragen werden in Sprache umgewandelt, um sie später als Erinnerung wieder in unser Bewusstsein zu holen. Oder, wenn uns das lieber ist, sie wieder zu vergessen. So gesehen sind Aufzeichnungen Spiegel einer persönlichen, aber auch einer gesellschaftlichen Zeitepoche. Schreiben hinterlässt Spuren. Ich schreibe, also bin ich. Schreiben ist eine Tätigkeit, die jedem gelingt, wenn er seine Worte unverkrampft aufs Papier bringen kann. Er schöpft dann aus sich heraus, aus dem unendlichen Schatz an Beobachtungen und Erfahrungen. Erst während des Schreibprozesses werden weiße Stellen der halb vergessenen Erinnerungen wieder stärker, farbiger, plastischer. Erst durch die Erfahrung des Schreibens erkennen wir, welch unermesslicher Schatz an Fantasie in uns steckt. Denn das freie Schreiben ist ganzheitlich. Es verbindet Herz und Verstand, macht beweglich, elastisch und wach. Es schenkt Energie, ohne unsere Nerven zu belasten. Das absichtslose Schreiben ist spannend. Wir lesen unseren Text ein paar Tage später durch und sind vielleicht erstaunt, was für eine interessante Route uns in den Sinn gekommen ist.

Nicht nur alles, was wir erlebt haben, sondern vor allem auch, was wir dabei empfunden haben, hilft, uns besser oder von einer anderen neuen Seite kennenzulernen. Fokussieren wir Erlebnisse, Gedanken und Gefühle auf dem Papier, wird uns die Fülle unseres Lebens offenbar. Dabei genügen oft eine punktuelle Begebenheit, ein Gedanke oder eine Frage. Was wir auswählen, ist nicht so wichtig. Entscheidend ist, dass wir das, was wir ausgewählt haben, mit unseren Worten auf den Punkt bringen. Tagebuchschreiben ist eine Möglichkeit, auf unsere innere Stimme zu hören. Es hat Selbsterfahrungswert und hilft uns bei unserer persönlichen Weiterentwicklung. Wir hinterfragen konkrete Lebenssituationen und treiben so den Individualisationsprozess voran. Es ist wie Medizin, die wir selbst verordnen und zubereiten können.

Ein Tagebuch, ein Notizbuch zu führen, schlägt eine Brücke zwischen innerer und äußerer Welt, verbindet die Wege des Handelns und des Denkens. Wir nehmen uns Zeit, setzen uns hin, betrachten die aufnahmebereite Leere des Blattes, sammeln uns und beginnen zu schreiben. Schreiben heißt ordnen. Es gilt, Gedanken aufzugreifen, nutzbar zu machen und uns mit den Vorstellungen über uns selbst auseinanderzusetzen.

Manchmal hilft das Tagebuchschreiben aus einer Lebenskrise heraus. Es ist dann allerdings wichtig, dass wir uns auf das Wesentliche konzentrieren. Das ist nicht immer einfach. Uns in einer solchen Situation Fragen zu stellen, kann hilfreich sein, auch wenn wir sie nicht sofort beantworten können. Oft tauchen in schwierigen Lebenslagen widersprüchliche Emotionen auf. Warum sie nicht einfach aufschreiben und sie dann eine Zeit lang stehen lassen? Wir sind niemandem Rechenschaft schuldig und müssen uns nicht erklären. Finden wir später eine Antwort auf eine unserer Fragen oder können wir uns aus den Verstrickungen unseres Gefühlschaos lösen, erkennen wir Entwicklungsschritte, auf die wir stolz sein dürfen. Wir sind dann nicht mehr Spielball unserer Erlebnisse. Wir bestimmen über unser Leben und entscheiden mehr und mehr aus unserem Kern heraus.

Ein schwieriges Gespräch steht bevor. Warum nicht vorab kurz unsere Gedanken dazu niederschreiben? Fast immer gelingt es uns anschließend besser, uns verbal verständlicher auszudrücken und, falls nötig, auch Entscheidungen zu treffen. Tagebuchschreiben kann auch zu einer Brücke zwischen Innen- und Außenwelt werden.

Die Liebe zu den Buchstaben und Worten entsteht dann, wenn wir uns erlauben, unsere Gedanken auseinanderzunehmen und sie wieder zusammenzubauen – immer wieder in einer anderen Form. Und das alles ohne Begrenzung. Das ist Kreativität. Wie gestalten wir ein Thema? Welche Schreibformen sagen uns zu? (In diesem Buch finden Sie viele Möglichkeiten.) Wie nähern wir uns einem Problem? Wie grenzen wir es ein? Wie gehen wir vor, um in die Tiefe zu gelangen, das Wesentliche herauszukristallisieren, aber auch den spielerischen, leichten Aspekt des Schreibens zu berücksichtigen?

Denn gerade dieser Aspekt ist wichtig, damit das Schreiben für längere Zeit Freude macht. Schreiben weckt unseren Lebensgeist und hilft uns, bewusst(er) am Leben teilzunehmen. Wir fühlen uns wohl, wenn wir kreativ sind, weil wir uns so näher sind. Es ist ein tiefes Bedürfnis des Menschen, gestaltend am Leben teilzunehmen und nicht nur zu konsumieren.

Menschen schreiben auch, um zur Ruhe zu kommen. Sie schreiben, um sich zu konzentrieren. Wir können nicht schreiben und gleichzeitig an etwas anderes denken. Wer sich abends nach einem hektischen Tag Zeit nimmt und eine halbe Stunde Rückschau hält, kann seine Gedanken ordnen. Das Tagebuch leistet dabei wertvolle Dienste. Oder morgens sich eine halbe Stunde gönnen. Schreiben, um den Tag bewusst zu beginnen. Schreiben, statt reden, zerreden. Oder noch besser: schreiben und später reden.

Menschen schreiben,

- um Spuren zu hinterlassen,
- um sich vom Alltagsstress zu befreien,
- um Unsicherheiten und Lebensfragen zu klären,
- um zu erkennen, wie reich das Leben ist,
- um Widersprüchlichem Platz zu machen,
- aus Freude, sich auszudrücken,
- um sich zu orientieren und den Horizont zu erweitern,
- um mit der Sprache zu spielen,
- um zu erkennen, dass das Leben ein Kunstwerk ist.

Schreibende …

- sind Chronisten des Alltags.
- erkennen ein gewaltiges Potenzial an Lebenshilfe und Lebenskraft.
- entdecken ihre geistige Kraft.
- verleihen ihren Erfahrungen Kontinuität.
- nutzen das Schreiben als Kommunikationsmittel.
- lernen, sich mündlich und schriftlich besser auszudrücken.

„Es ist wirklich seltsam, aber schon der reine Akt des Aufschreibens von irgendetwas hilft. Es ist, als würde das Schreiben einen auf dem eigenen Weg halten und vorwärtsbringen.“
(Katherine Mansfield)

Warum schreiben Sie?

1.2 Tagebuchschreiben auf klassische Art

„Die Natur hat nur eine Regel für Schriftsteller: Lasst's laufen."
(G. C. Lichtenberg)

Sie stehen voll im Leben, packen eine Aufgabe an, führen sie zu Ende oder manchmal auch nicht. Trotz dieses Gefühls des Ganz-mit-dem-Leben-verbunden-Seins stellen Sie sich eines Tages die Frage, ob das nun wirklich schon alles sei. „Wer bin ich denn wirklich?", überlegen Sie, oder: „Was ist für mich der Lebenssinn?" „Was will ich noch erreichen; was ist mir wichtig?" „Lebe ich, oder werde ich nur gelebt?"

Wir Menschen denken nach und kommen zu dem Ergebnis, dass unser Leben bis zu diesem Punkt eigentlich doch ganz schön bunt war. Immer wieder mussten wir zwar Krisen überwinden; immer wieder erlebten wir aber auch Höhepunkte. Es gelangen uns Aufgaben, in unserem Beruf wurden wir anerkannt; wir haben vielleicht ein schönes Heim, lebenslustige Kinder und Enkelkinder. Trotzdem: Wir können unser Leben nicht fassen, erfassen; es fließt an uns vorbei. Uns scheint, der Alltag wird immer kürzer; nur zu oft gleicht ein Tag dem nächsten. Eine Woche reiht sich an die andere, und das Jahr vergeht im Nu.

„So kann es nicht weitergehen", überlegen wir und erinnern uns, dass wir, als wir 14 waren, ein Tagebuch bekamen und es mit Lust füllten. Also besorgen wir uns ein handliches Notizbuch. Es gibt sie in verschiedenen Größen. Ein Buch mit vielen leeren Seiten. Wir nehmen uns vor, ab heute aufzuschreiben, was wir erleben, fühlen und denken.

Wir setzen uns an den Schreibtisch, vor uns die erste Seite schneeweißen Papiers. Wir beginnen oben rechts mit dem Datum und … schon fängt der Stift an zu stocken. Was schreiben? Wie schreiben? Wir strengen uns an, versuchen unsere Gedanken zu ordnen, aber sie sind zu verworren; sie lassen sich einfach nicht bündeln. Wir können nicht schreiben, weil die Fülle unseres Lebens uns wie ein Granitberg erscheint. Unmöglich, ihn einfach so mit ein paar Sätzen abzutragen. Oder wir können nicht schreiben, weil wir zuerst krampfhaft perfekte, möglichst stilvolle Sätze im Kopf zurechtbiegen, um sie dann ebenso verbissen aufs Papier zu bringen. Wir können das Schreiben nicht fließen lassen. So beschließen wir, abzuwarten und auf einen besseren Schreibtag zu hoffen.

Vielleicht aber gelingt der Anfang. Wir gehören zu den spontanen Menschen, die einfach irgendwie beginnen. Die Neugierde ist größer als der Zweifel. Wir notieren, was wir heute erlebt haben; nichts Außergewöhnliches, und doch erinnern wir uns während der Niederschrift an eine Situation, die wir beinahe vergessen haben. Das freut uns. Und wir fahren fort. Auch am nächsten und übernächsten Tag. Seite und

Seite werden so gefüllt. Aber dann nach zwei, drei Wochen machen sich erste Ermüdungserscheinungen bemerkbar. Die Abstände werden größer und länger, und wir schreiben nur noch von Zeit zu Zeit in unser Buch. Bis wir es eines Tages ganz liegen und in der Schublade verschwinden lassen.

Gehören Sie zu den beiden oben beschriebenen Typen von Menschen? Es sind Prototypen. Erstaunlich viele Menschen haben in ihrem Leben Tagebuch geschrieben. Auch viele Männer. Sie haben geschrieben, solange Sie in einer Krise steckten, und dann schnell wieder aufgehört, sobald die Situation leichter wurde.

Vielleicht zählen Sie aber auch zu den Menschen, die Ausdauer zeigen. Sie mussten möglicherweise Durststrecken aushalten, bevor das Tagebuchschreiben zu einem täglichen oder wöchentlichen Ritual wurde. Ohne Ihre Aufzeichnungen fehlt Ihnen etwas im Leben. Sie notieren am liebsten äußere Ereignisse. Das, was um Sie herum geschieht, möchten Sie für sich oder Ihre Kinder und Enkel festhalten. Oder Sie gehören zu den Menschen, denen ihre Gefühlswelt wichtiger ist als die äußeren Begebenheiten. Sie schreiben sich Ihren Frust von der Seele, Ihre Trauer, aber auch Ihr ganz persönliches Glück. Vielleicht haben Sie bereits ein Traumtagebuch oder Sie schreiben auf Reisen …

Schreiben Sie weiter, egal, welchen Stil, welches Genre Sie bevorzugen. Gleichzeitig lade ich Sie ein, neue Formen, wie ich sie im methodischen und praktischen Teil vorstelle, auszuprobieren. Wechseln Sie ab. Schreiben Sie in Ihrer gewohnten Art weiter und wagen Sie es, sich von Zeit zu Zeit einem Thema in einer ungewohnten Art und Weise zu nähern. Es ist wie beim Essen: Je abwechslungsreicher wir essen, desto mehr genießen wir es.

Alle Leserinnen und Leser, die ein angefangenes oder leeres Notizbuch in ihrer Schublade liegen haben, ermuntere ich, es hervorzuholen. Schreiben ist keine abgeschlossene Sache, es befindet sich immer im Wachsen, im Entstehen. Sein Ausgang ist offen. Man kann es jederzeit unterbrechen, aber immer zu einem späteren Zeitpunkt wieder hervorholen. Füllen Sie Ihr Buch auf Ihre Weise. Im Praxisteil finden Sie dafür viele Möglichkeiten.

1.3 Tagebuchschreiben auf kreative Art

Das Wort „kreativ“ wird heute arg strapaziert. Es ist zu einem Modewort geworden. Man kocht kreativ, richtet sich kreativ ein. Es hat seinen Ursprung im lateinischen *creare*. „Creo“ heißt folglich: Ich bin schöpferisch tätig, schaffe, erschaffe, bringe hervor, erzeuge, gebäre.

Kreativität ist etwas Dynamisches, ein Prozess, der sich entwickelt, entfaltet, verwandelt. Ein Prozess, der Ursprung, Weg und Ziel in sich birgt. Erzeugen beschreibt eine Bewegung nach innen, gebären eine Bewegung nach außen. Ein Mensch, der kreativ ist, bewegt sich in beide Richtungen. Er erzeugt etwas, bringt dieses Neue zur Welt und lässt es wachsen und gedeihen.

Was hat das nun mit Schreiben zu tun? Wir alle haben in der Schule Schreiben gelernt, können Buchstaben zu Worten bilden und Wörter zu Sätzen. Und die so entstandenen Sätze sind Teil unseres Ichs. Jeder Mensch, der nicht einfach abschreibt, sondern schreibt, ist schöpferisch tätig. Er gestaltet sein Thema mit Worten, indem er seine Gefühle, Gedanken, Erlebnisse, seine Fantasie zusammenfassend aufs Papier bringt. Er schreibt beispielsweise zu irgendeinem Thema einen freien Text, um ihn dann in einem zweiten Schritt zu einem Gedicht zu komprimieren. Aus Worten entstehen neue Worte, aus Gedanken neue Gedanken. Hier kommt es auf den Prozess an, der während des Schreibens stattfindet, und nicht auf das Produkt. Was für Gedanken lösen einzelne Worte aus? Auf einen ersten Schritt folgt ein zweiter und auf einen zweiten ein dritter Schritt. Der Schreibende erzeugt, indem er einen Gedanken niederschreibt und gebärt, indem er aus dem ursprünglichen Gedanken eine Erkenntnis entstehen lässt.

Kreativität bedeutet ein Wagnis: Alles ist ungewiss. Es bedarf der inneren Freiheit, um etwas Neues auszuprobieren und Gewohntes in Zweifel zu ziehen. Oder sogar sich selbst zu hinterfragen, widersprüchlich sein zu dürfen, nonkonforme Denkweisen aufzuschreiben, verrückte Erkenntnisse festzuhalten. Im Tagebuch ist das alles möglich. Niemand wird den Schreibenden kritisieren, außer vielleicht er selbst. Schreibstil, Grammatik und Orthografie spielen keine Rolle. Die Angst, für Fehler kritisiert zu werden, entfällt. Und diese Angst hält oft die kreativsten Menschen davon ab, sich schriftlich auszudrücken.

Zu einem kreativen Tagebuch gehört auch die Welt der Farben und der visuellen Gestaltung. Unterstreichen, durchstreichen, einrahmen, Buchstaben bunt anmalen, verzieren, vergrößern, verkleinern, kleben. Scheuen Sie sich nicht, Ihre Texte großzügig wie ein Kind zu gestalten. Schreiben Sie z.B. ein für Sie gerade jetzt wichtiges Wort groß auf eine Seite. Es gibt auch kleine Blankobücher, wo auf den einzelnen Seiten gerade mal ein einziges Wort Platz hat. Schreiben Sie Ihre Lieblingswörter in solche kleinen Bücher. Genießen Sie es, sie Seite um Seite zu füllen und zu gestalten. Freuen Sie sich über jedes gefundene Wort, denn Sie haben es entdeckt.

Den Begriff „Tagebuch“ kennen die meisten. Das Wort assoziiert, dass man alle Tage schreiben soll. Wie wäre es, ihm einen anderen Namen zu geben? Zum Beispiel „Logbuch“, „Journal intim“, „Lebensbuch“, „Sammelbuch“, „Jahresbuch“, „Gedankensplitter“. Mani Matter und Georg Christoph Lichtenberg haben ihre Tagebücher „Sudelbuch“ genannt. Mani Matter hatte seine Gedanken nummeriert und in jedem neuen Jahr wieder mit eins begonnen. Wie Sie ihr persönliches Buch auch nennen: Freuen Sie sich über jeden Eintrag, denn er stammt von Ihnen.

1.4 Der erste Schritt: Kauf eines Tagebuchs

Es ist interessant zu beobachten, wie viele Kursteilnehmer*innen in einem Tagebuch-Workshop mit einem Schreibheft oder gar mit einem Block erscheinen. Sie besitzen zu Hause vielleicht ein schönes, handgebundenes Buch, das ihnen einst eine Freundin oder ein Freund schenkte. Und nun liegt es seit langer Zeit in der Schublade und wartet auf den ersten Eintrag. Viele Menschen haben Hemmungen, in ein so schönes Buch einfach hinein zu kritzeln, draufloszuschreiben, Worte oder ganze Sätze durchzustreichen, verschiedene Formen auszuprobieren. Was, wenn die Einträge nicht gelingen, wenn sie nichtssagend sind, banal, gewöhnlich? Herausgerissene Seiten sieht man sofort und sie lassen das Buch auseinanderfallen. Ein wertvolles, edles Buch verpflichtet zu sogenannten guten Texten. Und wie weiß ich im Voraus, ob der Text auch gelingt, ob er mir entspricht, ob er das aussagt, was ich ausdrücken will? Also bleiben die Kursteilnehmer*innen lieber beim Schreibheft. Das kann man nach einem Frust getrost ins Altpapier werfen. Doch wofür hat man ein schönes Buch, wenn man es nicht nutzt? Ist es nicht viel besser, man entschließt sich, ein edles Notizbuch in ein kreatives Lustschreibebuch umzuwandeln?

Doch es gibt zwischen den Extremen einen Mittelweg. Man bekommt bereits für wenig Geld schöne gebundene Bücher in allen Größen. Die meisten sind unliniert und haben ein Linienblatt, das man hinter die Seite legt. Manche haben sogar ein Lesezeichen. Auch klassische Notizbücher, z.B. Moleskines, mit Gummiband, laden zum Schreiben und Gestalten ein. Ob Sie sich besser für ein eher groß- oder ein kleinformatiges Buch entscheiden, hängt davon ab, wofür Sie es nutzen wollen. Wenn Sie es gerne auf Reisen mitnehmen, empfiehlt sich ein kleines; die größeren eignen sich eher zum Gestalten. Einladungen, Briefe, Buch- und Theaterrezensionen, Kinoflyer etc. passen gut zu einem DIN-A4-Buch. Manche Bücher haben am Ende auch eine kleine Tasche, in der man solche Dinge sammeln kann. Daneben gibt es Platz für eigene Anmerkungen.

Nehmen Sie sich Zeit, das für Sie passende Buch zu finden. Und wenn Sie es schließlich in der Tasche haben, freuen Sie sich über den Kauf. Wenn Sie es fast nicht mehr erwarten können, die erste Seite zu füllen, sind die Voraussetzungen optimal, dass dieses Buch wirklich Ihr Buch geworden ist und dass Sie es bis zur letzten Seite vollschreiben werden.

Hilfsmittel

Vielleicht erinnern Sie sich an Ihre Kindheit, als Sie von Ihren Eltern eine Buntstiftschachtel geschenkt bekamen. Sehen Sie die glänzenden Buntstifte vor sich, wie sie so wunderschön nach Farben abgestimmt und gespitzt in der Schachtel lagen und nur darauf warteten, herausgenommen und benutzt zu werden? Erinnern Sie sich noch an die Lust beim Auswählen des ersten Buntstiftes, wie er über das weiße Papier glitt und es mit Farbe füllte?

Damit sich dieses „Buntstiftgefühl" einstellt, ist es praktisch, beim Schreiben eines Tagebuchs genügend farbige Stifte parat zu haben. Faserstifte gibt es heute ebenfalls in vielen Farben, dicke und dünne. Buntstifte, Filzstifte, Kugelschreiber, Füller mit verschiedenfarbigen Tintenpatronen: Wählen Sie aus, was Ihnen zusagt; wechseln Sie ab; schreiben Sie, wenn Sie Lust haben, jeden Eintrag in einer anderen Farbe. Gestalten Sie farbige Titel, unterstreichen Sie in verschiedenen Tönen, rahmen Sie die für Sie wichtigen Sätze und Worte bunt ein. Malen Sie zwischendurch ein Bild, auch wenn Sie meinen, nicht malen zu können.

Je bunter Ihr Buch wird, desto mehr Freude haben Sie beim Durchblättern. Und das Immer-wieder-Durchblättern hilft Ihnen, weiterzuschreiben, weiter zu gestalten, Seite um Seite bis zum letzten Blatt zu füllen. Und danach zu einem neuen Band zu greifen …

1.5 Intimität

„Wenn ich schreibe, statte ich mir einen feierlichen Besuch ab."
(Fernando Pessoa)

„Ich würde gerne Tagebuch schreiben, wenn ich sicher sein könnte, dass es von niemandem gelesen wird." Ihr Mann sei zwar nicht neugierig und ihre Kinder noch zu klein, um Interesse daran zu haben, aber trotzdem … Der Gedanke, irgendjemand würde in ihren intimen Empfindungen herumstöbern, und sei es auch erst nach ihrem Tod, lasse sie gar nicht erst beginnen. Die junge Frau, die das sagt, wirkt in diesem Augenblick ernst und auch etwas ratlos. Denn schreiben würde sie schon gerne, nicht nur fiktive Erzählungen, sondern Geschichten, Gedanken und Empfindungen aus ihrem Leben. All die Erfahrungen und Erlebnisse, die sie geprägt haben, und die damit empfundenen Gefühle könnte sie so festhalten und manche davon leichter loslassen. Aber diese Dinge seien persönlich. Und darunter befänden sich auch ein paar Geheimnisse.

Hier einen Rat zu geben ist nicht ganz einfach. Auch eine Schublade, die man abschließen kann, ist zwar eine Lösung, aber für diese Frau keine befriedigende. Denn nach ihrem Tod würde die Schublade geöffnet, das weiß sie. Und das hindert sie zu schreiben.

Damit das intime Schreiben gelingt und nicht blockiert wird, müssen zwei Voraussetzungen erfüllt sein:

1. Vertrauen, dass ihr privates Umfeld keinen Vertrauensmissbrauch begeht, und
2. Gelassenheit, dass nach Ihrem Tod diejenigen, die Ihre Tagebücher in die Hände bekommen, achtsam damit umgehen.

Bei allem Vertrauen in unsere Mitmenschen: Ein Tagebuch sollte nicht einfach herumliegen. Auch ist es ratsam, nur dann zu schreiben, wenn wir allein sind. Nicht dass unsere Familienangehörigen nicht wissen dürfen, dass wir Tagebuch schreiben. Aber es vor ihren Augen zu tun kann Neugierde wecken und möglicherweise Frustration provozieren. „Sie schreibt wieder Tagebuch, anstatt mit mir zu reden", denkt der Partner und verkriecht sich hinter die Zeitung. Tagebuchschreiben und mit dem Partner oder der Partnerin kommunizieren sind zwei ganz verschiedene Ebenen, auch wenn es möglicherweise um das gleiche Thema geht. Beim Tagebuchschreiben geht es um die Gedanken des/der Schreibenden und beim Reden und Diskutieren geht es immer auch um das Gegenüber.

Tagebuchschreiben gehört deshalb in unsere Privatsphäre und das Geschriebene ist für alle anderen tabu. In der Regel können wir nur dann ungehemmt drauflosschreiben und unseren Gedanken freien Lauf lassen, wenn wir allein sind oder das

Gegenüber auch schreibt. Und wenn schlussendlich immer noch Angst vor der Entdeckung intimer Empfindungen und Gedanken da ist, kann man nach einer gewissen Zeit, nachdem man seine Gedanken vorher nochmals durchgelesen und das Wesentliche zusammengefasst hat, das Tagebuch immer noch dem Feuer übergeben. Aber: Nicht achtlos verbrennen, sondern im Rahmen eines reinigenden Rituals.

1.6 Schreibhindernisse

Auf welche Schwierigkeiten könnten wir stoßen, außer auf die, dass das Schreiben nicht fließt? Die Hauptsache ist, dass wir schreiben, was in irgendeiner Form ausgedrückt werden kann, was gerade wichtig und notwendig ist. Und doch gibt es Hindernisse, die man nicht außer Acht lassen sollte:

Spontan schreiben: Ein Tagebucheintrag ist immer eine Erstfassung und gleichzeitig auch die einzige Fassung. Schriftsteller feilen unzählige Male an ihrem Text, bevor sie ihr Manuskript einem Verlag übergeben. Tagebuchtexte aber sind aus dem Augenblick heraus geschriebene Rohtexte und können deshalb niemals perfekt sein. Beim Tagebuchschreiben sind Sie also vom Zwang des Perfektionismus befreit. Halten Sie nicht bei jedem Satz inne, um ihn nochmals zu lesen und zu korrigieren. Schreiben Sie entspannt und ohne Erwartung.

Tagebuchschreiben kann niemals das Gespräch mit einem anderen Menschen ersetzen: Wenn wir versuchen, mithilfe eines Tagebuchs Konflikte mit unserem Gegenüber anzugehen, ist der Streit nicht gelöst. Wenn wir schreiben, befassen wir uns nämlich nur mit uns selbst. Wenn wir hingegen miteinander sprechen, ist auch das Gegenüber aktiv und bringt seinen Standpunkt ein. Allerdings kann man in einer schwierigen Situation zuerst die Gedanken und Gefühle aufs Papier bringen, um sie zu ordnen. Das verhilft zu Klarheit und Distanz. Auf diese Weise gelingt es oft besser, einen Konflikt oder offene Fragen gelassener anzugehen und nicht emotional unbedacht zu reagieren.

Aus der Gedanken-Tretmühle keine Schreib-Tretmühle machen: Immer wieder haben wir im Leben mit Problemen zu tun, die nicht sofort lösbar sind und Energien binden. Tag und Nacht verfolgen uns dieselben Gedanken, ohne dass wir ihnen entkommen könnten. Schreiben wir sie nieder, hilft uns das vielfach ein großes Stück weiter und wir können uns aus der ewigen Gedanken-Tretmühle befreien. Doch nicht selten schreiben wir seitenlang über das gleiche Thema, wiederholen unsere Gedanken, um anderntags wieder aufs Neue zu beginnen. Wir drehen uns im Kreis und es entsteht ein Schreibexzess. Aus der Gedanken-Tretmühle ist eine Schreib-Tretmühle geworden.

Wenn wir unseren Text nach einigen Tagen oder Wochen erneut durchlesen, halten wir oft unsere eigene Schwermut nicht aus. Und was passiert? Wir schreiben nicht mehr weiter und legen das Buch für längere Zeit oder sogar für immer beiseite. Das ist schade, und da hilft nur eines: Das Wesentliche des Problems herauszukristallisieren und die Hauptpunkte zusammenzufassen. Fragen Sie sich, ob Sie jetzt Zusammenhänge erkennen, die bisher im Verborgenen lagen. Als letzten Satz formulieren Sie einen Schlussgedanken, der zukunftsgerichtet und positiv sein sollte.

Schreibblockaden: Sie würden so gerne schreiben, aber sobald Sie ein leeres Blatt Papier vor sich haben, verkrampfen Sie sich innerlich und überlegen unendlich lang, was Sie schreiben und wie Sie beginnen sollten. Sie fühlen sich so leer wie Ihr Blatt vor Ihnen. – Woran liegt das? Manchmal hat das mit schlechten Schulerfahrungen zu tun. Die Angst vor dem Rotstift hat sich tief in Ihre Seele eingegraben. Oder Ihr Perfektionismus hindert Sie (siehe oben). Aber auch hier gibt es eine Lösung: Verfassen Sie einen kurzen Text über das, was gerade jetzt in Ihnen vorgeht, über dieses Leersein, über Ihre Blockade. Schreiben Sie wild drauflos, ohne dass Sie den Stift absetzen. Sie müssen keinen Satz beenden, können Wörter endlos wiederholen, nur aufhören zu schreiben dürfen Sie nicht. Beginnen Sie mit dem Wort „Ich" und schreiben Sie für fünf Minuten einfach drauflos (siehe „Automatisches Schreiben", S. 28).

Schreibrausch: Schreibblockaden mögen weitverbreitet sein, doch es gibt auch das genaue Gegenteil: den Schreibrausch. Für Menschen, die Mühe haben, sich spontan auszudrücken, ist das schwer nachvollziehbar. Aber es gibt ihn wirklich. Wenn der Schreibfluss einmal in Gang gekommen ist, dann strömen die Worte nur so aus der Feder, und wir schreiben und schreiben und schreiben und können kaum mehr aufhören.

Doch irgendwann klingt selbst der heftigste Schreibrausch ab, die Motivation, weiterzuschreiben, schwindet. Wir haben nun Seite um Seite gefüllt, mit vielen Wiederholungen, wie uns scheint, und viel unnützem Geschwätz. Nun müsste man die Spreu vom Weizen trennen. Doch die Lust, das Geschriebene zu lesen, ist gering, und auch das Bedürfnis, fortzufahren, ist schwach. Also lassen wir das Schreiben erst mal sein und legen das Tagebuch in die Schublade. Es lohnt sich trotzdem, den Text später durchzulesen und anschließend eine Verdichtung zu schreiben (siehe Kapitel 3, S. 43).

Abschreiben statt spontan schreiben: Tagebuchschreiben kann auch eine fragwürdige Seite haben, etwa dann, wenn wir bei allem, was wir erleben, quasi danebenstehen und in Gedanken schon vorformulieren, wie wir dies oder jenes später aufschreiben könnten. So kommen wir während des Aufschreibens nie spontan auf eine Erkenntnis oder zu einem Aha-Erlebnis. Es ist dann wie ein Abschreiben, das uns nicht weiterbringt.

Geben Sie Ihren Gedanken mehr Freiraum! Wählen Sie dafür ein Thema aus dem Praxisteil aus, eines, das Sie anspricht, und lassen Sie sich dann überraschen, was aus Ihnen heraussprudelt – ganz ohne Vorüberlegungen dazu, was Sie schreiben sollen.

Keine Nacherzählung schreiben: Sprechen Sie nicht vorher mit anderen über das, was Sie in Ihrem Tagebuch notieren wollen. Das Vorher-darüber-Reden löst die kreative Spannung und nimmt Ihnen den Schwung. Schreiben Sie spontan drauflos, ohne zu wissen, wohin der Gedanke führt. Wenn Sie nach dem Schreiben mit anderen über das Geschriebene sprechen oder es vorlesen, dann ist das eine andere Sache. Tagebuchschreiben muss keineswegs eine einsame Angelegenheit sein. Sie können vertraute Menschen durchaus ein Stück weit an Ihrer Gedanken- und Gefühlswelt teilhaben lassen.

Zerrspiegel der Wirklichkeit: Ein Tagebuch kann zum Zerrspiegel der Wirklichkeit entarten. Wie? Indem es fast ausschließlich das Negative spiegelt. All das Schöne, das wir doch auch erleben, geht in den Problemen des Tages unter. Lesen wir nach Jahren unsere alten Einträge durch, schaudert es uns ob des ganzen Leides, das wir erdulden mussten. Was ist mit dem Schönen und Beglückenden, das wir sicher auch in schwierigen Zeiten erfahren durften? Wir haben ganz einfach vergessen, es niederzuschreiben.

Natürlich sind Tagebucheinträge immer subjektiv geprägt. Und trotzdem sollten wir uns bemühen, unser Leben ganzheitlich wahrzunehmen, und uns bewusst Themen widmen, die uns auf eine positive Weise weiterbringen. Selbstverständlich gelten die gleichen Gedanken auch für jene, die dem „Positivismus“ verfallen sind.

Langeweile beim Schreiben entsteht nur dann, wenn wir in eine Tretmühle geraten oder meinen, das, was wir schreiben, sei unwichtig. Gleiches gilt für das Bedürfnis, alles rund machen zu müssen. Dabei ist gerade das Schreiben eine Möglichkeit, uns nicht verstellen zu müssen. Jedes Thema hat Platz, auch das über die Langeweile.

So viel zunächst zu Stolpersteinen, die uns beim Schreiben begegnen. Unabhängig davon muss uns klar sein, dass man nicht alle Probleme schreibend lösen kann. Das Schreiben ist kein Allheilmittel. Es kann allerdings Wunden offenlegen, die der Heilung bedürfen. Wir müssen dann entscheiden, ob wir diesen Prozess selbst bewältigen können oder ob und ab welchem Zeitpunkt wir Hilfe von außen brauchen.

Die Auflistung der Hindernisse weckt vielleicht den Gedanken in Ihnen, das Tagebuchschreiben sei geradezu gefährlich. Das ist es natürlich nicht. Schreiben soll Spaß machen und uns über eine lange Zeit Freude bereiten. Damit das gelingt, stelle ich im nächsten Kapitel verschiedene Möglichkeiten vor, sozusagen als Alternative zu den oben erwähnten Problemsituationen.

1.7 Wie das (Tagebuch-)Schreiben gelingen kann: Einige Tipps

„Man muss etwas Neues machen, um etwas Neues zu sehen."
(G.C. Lichtenberg)

Anfangen: Der erste Schritt, den wir zur Anwendung bringen, schreibt Julia Cameron in ihrem Buch *Von der Kunst des Schreibens*, besteht darin, dass man genau dort anfängt, wo man sich gerade befindet. In der richtigen Stimmung zu sein ist ein Luxus und ein Segen, und es ist müßig zu warten, bis die Schreiblust auftaucht oder der Stress vorbei ist. Mit anderen Worten: einfach anfangen, sich nicht vor dem leeren Blatt beirren lassen, die Worte fließen lassen. Denn Schreiben ist wie Laufen: Je mehr wir es tun, desto besser werden wir.

Datum: Ein Tagebucheintrag beginnt normalerweise oben rechts mit dem Datum. Das ist die klassische Art und Weise des Beginnens. Sie können das Datum selbstverständlich überall hinschreiben, oben oder unten. Es wegzulassen empfiehlt sich jedoch nicht – damit Sie den Eintrag später wiederfinden.

Titel: Ein Titel für einen Tagebucheintrag? Das scheint etwas ungewöhnlich. Doch Titel helfen, bestimmte Passagen wiederzufinden. Wenn Sie sich zu einem Titel entschließen, dann finden Sie ihn am besten so: Beenden Sie Ihren Eintrag und lesen Sie ihn anschließend durch. Worum geht es? Welche Gedanken sind wichtig? Was ist das Wesentliche daran? So kommen Sie auf einen stimmigen Titel, der das umreißt, was Sie aussagen möchten.

Inhaltsverzeichnis: In einem Tagebuch ein Inhaltsverzeichnis anzulegen scheint im ersten Moment eine seltsame Idee zu sein. Doch hat nicht jedes brauchbare Buch eine Übersicht über seinen Inhalt? Warum also nicht auch Ihres? Schließlich sollten Sie leicht und schnell Ihre Einträge wiederfinden, auch wenn sie mehrere Jahre alt sind. Wenn Sie also ein Buch vollgeschrieben haben, nummerieren Sie die Seiten. Aus Seitenzahlen und Titeln (s.o.) erstellen Sie dann ein Verzeichnis. Diese Arbeit und auch das Ergebnis werden Ihnen Spaß machen. Sie spüren dann umso mehr, dass das Ihr Buch ist. Es beleuchtet einen Abschnitt in Ihrem Leben – ob schwer oder leicht. Sie haben aktiv daran teilgenommen und ihn mitgestaltet.

Tagebuchschreiben am PC?

Zugegeben: Schreiben am Computer ist keine sinnliche Angelegenheit. Wenn man aber in kurzer Zeit sehr viel loswerden möchte, wenn die Gedanken im Kopf, die man sich von der Seele laden möchte, und die Hände, die sie notieren, gleich schnell sind, ist das Hilfsmittel Computer eine gute Sache. Am Computer schreiben ist für manche auch zwangloser, weil man alles, was man während des Schreibens empfindet, gleich wieder löschen kann.

Je nachdem was und wie viel man schreibt, kann man zwischen Textverarbeitung und Handschrift abwechseln. Einen am Computer verfassten Text können Sie später (auf farbigem Papier) ausdrucken und anschließend in Ihr persönliches Buch kleben, dort, wo auch Bilder, Karten, Briefe, Zeichnungen Platz haben.

Vielleicht haben Sie wenig Zeit zur Verfügung und schreiben deshalb generell am PC. Das hat auch Vorteile. Sie können z.B. verschiedene Dokumente direkt in entsprechenden Ordnern ablegen. Wer gerne Ordnung hat, wem durchgestrichene Sätze ein Gräuel sind, wer seine Handschrift nur schwer lesen kann, wer auf Bunt- und Klebestifte gerne verzichtet, weil er sie unnütz findet, warum sollte er sein Tagebuch nicht elektronisch ablegen? Später können Sie ausgedruckte Seiten aufbinden lassen und einen individuellen Buchdeckel entwerfen und haben somit auch ein schön gestaltetes Buch, in dem Sie blättern und nachlesen können.

Die Frage, ob Sie ein Tagebuch am Computer oder von Hand schreiben sollten, ist also müßig. Ausprobieren heißt die Devise. Die Form ist zwar wichtig, weil sie uns motivieren und erfreuen soll, doch der Inhalt ist noch wichtiger.

Schreibportionen: Kleine und kürzere Einträge beugen ständigen Wiederholungen vor. Hören Sie mit Schreiben auf, solange es noch Spaß macht. Das gibt einen Motivationsschub für den nächsten und übernächsten Tag. Eine knappe Schreibzeit sorgt dafür, dass Sie mehr zu sagen haben, als Ihnen Zeit zur Verfügung steht. Die Frustration, aufhören zu müssen, schafft den Drang, wieder beginnen zu dürfen.

Regelmäßig schreiben: Schreiben Sie lieber wenig, dafür aber regelmäßig und, falls das möglich ist, zu einer festen Zeit. Finden Sie heraus, welches Ihre Lieblingsstunde ist. Seien Sie beharrlich, bis Sie eine Struktur gefunden haben und das Schreiben Ihnen so wichtig geworden ist, dass Sie Ihre Schreibzeit herbeisehnen. Regelmäßigkeit hält den Sprachfluss in Schwung und lässt ihn lebendig bleiben. Es ist wie beim Musiker. Übt er nicht mehr, verliert er den Kontakt zu seinem Instrument. Ein Ritual kann Ihnen helfen, eine regelmäßige Schreibpraxis für sich zu etablieren. Vielleicht trinken Sie gerne vorher einen Kaffee oder hören Ihre Lieblingsmusik? Schiller brauchte faule Äpfel in der Schublade, um schreiben zu können. Und Gorges Simenon musste loslaufen, die Nase in den Wind stecken, Gerüche aufnehmen und seine Augen mit Bildern füllen.

Selbst gewähltes Thema: Sie verzetteln sich weniger, wenn Sie zu einem selbst gewählten Thema schreiben. So bleiben Sie bei der Sache, und ein roter Faden wird sichtbar.

Ruhe oder Kaffeehausatmosphäre?

Vielleicht haben Sie in Ihrem Schlafzimmer eine stille Ecke eingerichtet. Sie sitzen am Tisch, vor Ihnen Ihr Buch, und all die lieb gewonnenen Utensilien sind griffbereit. Sie blicken aus dem Fenster, und der altvertraute Blick gibt Ihnen Ruhe, die Ruhe, die Sie brauchen, um ungestört zu schreiben. Schreiben ist so gesehen etwas Meditatives. Sie zentrieren sich auf sich selbst. Keine Umwelteinflüsse können Sie stören.

Vielleicht bevorzugen Sie Ihr Bett. Hinter Ihnen ein großes Kissen, unter Ihnen eine weiche Matratze, über Ihnen die flauschige Bettdecke, neben Ihnen eine Tasse Kaffee.

Vielleicht gehören Sie zu den Menschen, die keine stille Ecke in ihrem Schlaf- oder Arbeitszimmer brauchen. Im Gegenteil. Sie nehmen ihr Notizbuch überall mit hin. Wenn Sie sich im Zug umschauen, finden Sie hin und wieder Schreibende. Die Landschaft flitzt an Ihnen vorüber, und das bringt die Gedanken auf Trab, denn Bewegung stimuliert. Schon sind sie da, die Einfälle, ohne dass Sie sie suchen müssen. Sie fühlen sich eins mit den Geräuschen, mit dem Getriebe der Zeit und ruhen doch in sich selbst.

Sie bevorzugen eine Kaffeehausatmosphäre? Oder die besondere „Höhlenstimmung" einer Kneipe? Sie brauchen das dicht gedrängte Zusammensitzen an kleinen Tischchen, den Duft aus der Kaffeemaschine und von frischen Brötchen? Schriftsteller wie Hemingway und James Joyce haben sich immer wieder von einem solchen Milieu inspirieren lassen. Sie waren allein und doch nicht allein, in einem Ganzen aufgehoben. Die Sinneseindrücke und die Atmosphäre, die sie in einem Café vorfanden, waren für sie wichtig, um sich konzentrieren zu können.

Doch wo immer das ist: Schreiben Sie, wo Sie Lust haben. Testen Sie verschiedene Varianten: zu Hause, draußen auf einer Parkbank, in der Bahn, auf dem Schiff, im Café. Genießen Sie die verschiedenen Orte, die verschiedenen Stimmungen und freuen Sie sich über Ihre Texte. Wichtig ist, dass Sie mit Ihrem Herzen dabei sind.

Mehrere Methoden ausprobieren: Wenn Sie ein Thema gefunden haben, das Sie fasziniert und das Sie vertiefen möchten, gibt es verschiedene Wege, sich ihm anzunähern. Probieren Sie ruhig einmal verschiedene Schreibtechniken aus. Schreiben Sie zum Beispiel zuerst einen „Schreiben-ohne-Pause"-Text und komprimieren Sie anschließend die wichtigsten Aspekte zu einem Gedicht. Anregungen für Methoden finden Sie in Kapitel 2.

Ohne formale Zwänge schreiben: Tagebucheinträge müssen Sie selbstverständlich nicht im besten Schriftdeutsch abfassen. Sie schreiben keinen Schulaufsatz, sondern für sich. Wie befreiend ist es doch, nicht auf Stil, Grammatik und Orthografie achten zu müssen, einfach drauflosschreiben zu dürfen, zwischendurch mal keine Punkte und Kommas zu setzen! Spielen Sie mit der Sprache. Kreieren Sie Wörter, die nicht im Duden stehen. Entdecken Sie Ihre eigene Sprache, finden Sie Ihren eigenen Stil. Niemand kann Ihre Stimme sein und niemand muss Sie verstehen, außer Sie selbst.

Balance: Versuchen Sie, die Innen- und Außenwelt auszubalancieren, indem Sie sich selbst, aber auch die Umwelt beobachten.

Keine Erwartungen haben: Wählen Sie spontan ein Thema und eine Schreibtechnik, die Sie interessiert. Ihre Aussagen dürfen bruchstückhaft aufgezeichnet sein. Ein Gedankensplitter reiht sich an den nächsten. Kein Text muss vollständig und schon gar nicht überarbeitet sein, denn Sie schreiben Rohtexte. Und Rohtexte sind niemals perfekt.

Kein Text ist misslungen, in jedem Text steckt etwas drin: Drehen Sie sich im Kreis? Können Sie nicht das ausdrücken, was Sie fühlen und denken? Finden Sie nicht die für Sie richtigen Worte? Machen Sie sich keine Vorwürfe. Kein Text ist ganz und gar misslungen. Versuchen Sie in einer solchen Situation den Kern Ihrer Aussage herauszukristallisieren. Markieren Sie farblich die wichtigsten Gedanken Ihres Textes. Was ist der wichtigste Satz, was das wichtigste Wort? Manchmal genügt das. Der Rest ist Kompost, und Kompost wird Erde. Also ist nichts verloren.

Nach dem Schreiben:

Freuen Sie sich, wenn etwas auf dem Papier steht.
Freuen Sie sich über Ihre Schaffensfreude.
Freuen Sie sich über das schöpferische Tun.

2. Kann, muss aber nicht: Methoden und Techniken als „Sahnehäubchen“ für Ihren Text

Beim Tagebuchschreiben geht es in erster Linie um das Aufschreiben von Erlebnissen, Erinnerungen, Überlegungen und Gefühlen. Welche Form diese Einträge haben, ist zweitrangig. Wichtig ist das absichtslose Sich-ausdrücken-Können ohne Zensur im Kopf. Wenn dies gelingt, gelingt alles. Methoden und Techniken, wie sie in diesem Kapitel vorgestellt werden, sind für das Tagebuchschreiben deshalb vergleichbar mit der Schlagsahne auf der Nachspeise: gut, aber nicht unabdingbar.

Dieses Kapitel wird wahrscheinlich vor allem Schreibende interessieren, die schon seit längerer Zeit ein Tagebuch führen und auf der Suche nach neuen Formen sind. Oder auch Schreibende, die gerne mit der Sprache experimentieren. Es kann lustvoll sein, die Gedanken eines hingeworfenen Rohtextes nochmals aufzunehmen und dann zu versuchen, das Thema von einer anderen Seite her zu beleuchten, um vielleicht so auf neue, ungewohnte Aspekte zu kommen. Dieser Prozess ist vergleichbar mit einem Bild, das nach einer Skizze entsteht. In der Skizze ist zwar schon alles vorhanden, um die Stimmung darin zu erfassen, und man könnte sie in die Skizzenmappe legen. Man könnte sie aber auch als Vorlage für ein neues Bild nehmen. Doch egal, ob gezeichnet oder geschrieben: Es werden vor allem die Skizzen sein, die inhaltlich etwas hergeben, an denen wir noch dranbleiben möchten.

Wenn wir uns mit verschiedenen Schreibtechniken beschäftigen, dann besteht eine Möglichkeit auch darin, sich von Texten anderer Autoren inspirieren zu lassen und dann die eigenen Gedanken aufs Papier zu bringen. Es gibt aber auch Zeiten, da fehlt die innere Ruhe, um vollständige Sätze zu formulieren. Hier sind schnelle, das Gehirn entlastende Techniken gefragt, wie etwa Listen und Elfchen.

Nutzen Sie dieses Kapitel als Anregung, verschiedene Techniken auszuprobieren, um herauszufinden, was Ihnen Freude macht. Es geht jedoch nicht darum, die Form vor den Inhalt zu stellen.

2.1 Intuitives Schreiben

2.1.1 *Automatisches Schreiben*

Gefühle und Einfälle aufschreiben, völlig unzensiert und ohne Eingreifen des kritischen Ichs – das ist die Methode des automatischen Schreibens. Im Paris der 1920er-Jahre nutzten die Surrealisten André Breton und Philippe Soupault diese „écriture automatique". Sie haben stundenlang ohne jede Kontrolle der Vernunft drauflos geschrieben und so Seite um Seite gefüllt.

Auch in den USA kennt man diese Technik als Instrument des kreativen Schreibens. Sie wird dort „Free Writing" genannt, ein Begriff, der auch in unseren Sprachraum gekommen ist.

Anleitung: Automatisches Schreiben

Diese Methode hilft:

- bei Schreibblockaden, Angstgefühlen, Befürchtungen, nicht schreiben zu können,
- bei Unlustgefühlen („Ich sollte endlich beginnen"),
- als Aufwärmübung.

Texte aus automatischen Schreibübungen sind „Rohrohtexte". In rascher Folge wird notiert, was dem Schreibenden spontan einfällt. Der Stift sollte möglichst nicht abgesetzt werden. Und so funktioniert es:

Schritt 1: Schreiben Sie einfach das auf, was Ihnen gerade durch den Kopf geht. Auf Syntax können Sie verzichten, Stil-, Grammatik- und Orthografieprobleme lassen Sie beiseite. Sätze müssen nicht vollständig sein und einzelne Worte und Gedanken können Sie ruhig mehrmals wiederholen. Wichtig ist das schnelle, flüssige Drauflosschreiben, ohne Ihre Gedanken zu zensieren. Sie können nichts machen, außer krampfhaft über das nachzudenken, was Sie meinen unbedingt schreiben zu müssen.

Schritt 2: Lesen Sie Ihren Text nochmals durch und unterstreichen Sie die wichtigste Aussage. Sie kann aus einem Wort oder einem ganzen Satz bestehen.

Schritt 3: Fassen Sie den Text in ein bis zwei Sätzen zusammen. Wie lautet die Kernaussage?

Schritt 4: Benutzen Sie die Kernaussage als Grundlage für einen weiteren kurzen Text.

2.1.2 Anleitung: Fünf-Sätze-Text mit Titel

Schließen Sie die Augen und schreiben Sie den ersten Satz, der Ihnen spontan einfällt. Ob unsinnig, banal oder geistreich spielt keine Rolle. Schließen Sie wiederum die Augen und schreiben Sie den nächsten Satz, bis Sie fünf Sätze vor sich haben. Die Sätze müssen nicht zusammenpassen oder logisch aufeinanderfolgen. Nun lesen Sie die Sätze durch und schreiben den Titel dazu, der zu den Sätzen passt.

Beispiel:

Unaufhaltsam.
Ohne Gedanken in meinem Kopf bin ich ein Nichts.
Sie wirbeln herum, wie die Kinder auf dem Spielplatz.
Frau A. mit ihrer Einkaufstasche geht am Stock.
Alle bewegen sich wie Ameisen.
Keine Sekunde können wir das Leben anhalten.
(RMD)

2.2 Gedichte schreiben

Ein Gedicht ist – einfach ausgedrückt – eine Verdichtung auf das Wesentliche. Und es gibt nicht nur Gedichte, die sich reimen, sondern auch freie Gedichte, die von der Beobachtung leben, von der Überraschung, von Gefühlsstimmungen, vom Rhythmus und Klangmuster und vom Wiederaufnehmen wichtiger Worte und Gedanken. Sie können kurz oder lang sein. In einem Gedicht ist kein Wort zu viel. Wir sind eingeladen, zwischen den Zeilen zu lesen und die Zwischenräume auszufüllen.

Gedichte können locken, warnen, anklagen, preisen, fragen, schmeicheln, übertreiben, jubeln, und man kann sie analysieren. In einem Gedicht sind immer verborgene Bilder versteckt. Sie appellieren an unsere Sinne und regen unsere Sprach- und Textlust an.

Wenn Sie es nicht gewohnt sind, Gedichte zu schreiben, wenn Sie auf Metrik und Versmaß verzichten wollen, dann versuchen Sie sich an einer der im Folgenden beschriebenen Gedichtformen. Viele Tagebuchthemen eignen sich dafür, lyrisch verdichtet zu werden.

Erste Schritte zum eigenen Gedicht

Schreiben Sie zuerst einen Text über irgendetwas, das für Sie im Augenblick wichtig ist. Anschließend komprimieren Sie diesen Text, indem Sie die wesentlichen Gedanken zusammenfassen. Spielen Sie mit einzelnen Worten, Sie können nichts falsch machen, aber Ihre schöpferische Seite kann sich so voll entfalten. Und was Sie dann vor sich haben, ist Ihr Gedicht! Lesen Sie es sich anschließend laut vor, und freuen Sie sich über Ihr Werk.

Einige der nachstehend vorgestellten Gedichtformen haben eine festgelegte Struktur – Haikus, zum Beispiel, deren Silbenzahl genau vorgegeben ist. Andere, vor allem Listengedichte, leben von einzelnen Worten. Jedes einzelne Wort in diesen schlichten Gedichten ist von Bedeutung.

Die Beispiele sollen Sie nun keineswegs abschrecken, ein Gedicht mit Ihren eigenen Worten zu verfassen. Es dreht sich ja nicht darum, dass Sie Lyrikerin oder Lyriker werden, sondern es geht um das Ausdrücken von Stimmungen. Die Gedichtform hilft Ihnen, zum Wesen einer Sache, zum Kern, zum Allerheiligsten – oder wie Sie es nennen wollen – vorzudringen und ihn oder es zu erfassen.

Versuchen Sie deshalb immer wieder einen längeren Text, der Sie vom Inhalt her beschäftigt, nochmals durchzulesen und den Kern herauszuschälen, und wählen Sie eine Form der nachstehenden Gedichte.

2.2.1 *Sprachfetzen- oder Listengedichte*

Diese Gedichte leben von einzelnen Worten, kurzen Zeilen, von Überraschungen. Verben kommen nur spärlich vor. Vollständige Sätze fehlen.

Anleitung:

Schreiben Sie zuerst einen Text über ein bestimmtes Thema, zum Beispiel über etwas, das Ihnen Vergnügen bereitet. Dann listen Sie das Wesentliche in diesem Text auf. Das können einzelne Worte sein oder Satzfetzen, aber keine vollständigen Sätze. Abschließend finden Sie noch den Titel für Ihr Gedicht.

Wichtig: Das Gedicht darf nicht zu lang sein, sonst verliert es an Kraft und ist dann nur noch eine Aufzählung. Streichen Sie, was zu viel ist, und lesen Sie Ihr Gedicht anschließend laut vor.

Hier ein Beispiel für ein Listengedicht:

Geheimnis eines langen Lebens

Misosuppe
Tofu
Knoblauch und Zwiebeln
Zum Essen ein Glas Wein
Nach dem Essen Siesta
Kein Stress
Genug Schlaf
Bestimmt aber
Auf alle Fälle
Ist es die Liebe
(RMD)

2.2.2 *Gedichte, die von einem einzelnen Wort ausgehen*

Grundsätzlich kann man über jedes Wort, das man kennt, schreiben. Doch für jeden Menschen gibt es Worte, die wichtiger oder ganz besonders wichtig für ihn sind. Ein solches Wort wird zum Ausgangspunkt für die folgende Technik.

Anleitung:

Entscheiden Sie sich für ein Wort, das für Sie bedeutsam ist, oder lassen Sie sich eines schenken.

Als Vorübung empfiehlt sich eine Sequenz Automatischen Schreibens über dieses Wort (siehe S. 28). Auf diese Weise erhalten Sie dann wichtige Begriffe und Aussagen, aus denen Sie in einem zweiten Schritt dann das Gedicht erstellen.

Hier ein Beispiel:

Träumen ist

verarbeiten
verdauen
ausscheiden
ist
kämpfen
rennen
sterben
ist
sehnen
lieben
aufhören
ist
erfahren
lernen
bekennen
ist
wachsen
ruhen
heilen

(Christin Gisler)

2.2.3 *Drei-Zeilen-Gedichte*

Verdichten Sie einen Tagebucheintrag, den Sie vielleicht als nichtssagend empfinden, zu einem dreizeiligen (maximal zu einem vierzeiligen) Gedicht. Jeder Text bekommt so eine Bedeutung. Außerdem repräsentiert das Gedicht die Kernaussage Ihrer Gedanken.

Beispiel:

Berge bestimmen
wie weit wie tief ein Tal ist
und niemand zweifelt
(RMD)

2.2.4 Elfchen

Elfchen sind kurze Gedichte aus elf Wörtern, verteilt auf fünf Zeilen. Die erste Zeile besteht aus einem Wort, die zweite aus zweien, die dritte aus dreien, die vierte Zeile aus vier Wörtern und die letzte Zeile wieder aus einem Wort. Zusammen sind das elf Wörter.

Anleitung:

Ausgangspunkt ist wieder ein Wort. Es ist das Thema Ihres Elfchens und gleichzeitig dessen erste Zeile.

In den folgenden drei Zeilen beschreiben Sie, was Ihr Thema ausmacht oder wie es sich anfühlt.

In der letzten Zeile ziehen Sie ein Fazit – in einem Wort.

Wichtig: Halten Sie sich an die vergebene Anzahl der Zeilen und Wörter. Die Form hilft Ihnen, sich zu fokussieren.

Es folgen zwei Beispiele für Elfchen. Beide sind von Christin Gisler.

Licht
Am Morgen
Der Baum erwacht
Vögel singen ihr Lied
Begrüßung

Sterne
Am Himmel
Werfen ihr Licht
Augen suchen den Weg
Hoffnung

2.2.5 *Haikus*

Das Haiku ist eine japanische Gedichtform und besteht aus 17 Silben. In Japan wird diese Form seit rund 1000 Jahren gepflegt und erfreut sich ist bis heute großer Beliebtheit. Es gibt dort zahlreiche Haiku-Zeitschriften, die pro Jahr unzählige Haikus veröffentlichen.

Ein Haiku ist eine kurze Momentaufnahme, die die jeweilige Stimmung in wenigen Worten festhält. Haikus eignen sich sehr gut für Beobachtungen und Naturbetrachtungen.

Anleitung:

Auch das Haiku hat eine strenge Form, die hilft, auf das Wesentliche zu fokussieren. Dieses dreizeilige Gedicht besteht in der ersten Zeile aus fünf, in der zweiten Zeile aus sieben und in der dritten Zeile wiederum aus **fünf Silben.**

Wählen Sie ein Thema, eine Empfindung, eine Beobachtung, einen Gegenstand, ein Naturphänomen …

Schreiben Sie darüber möglichst konkret, in klaren Bildern, die einem Leser helfen, sich vorzustellen, worum es Ihnen geht.

Das folgende Beispiel stammt von einem der großen Meister dieser Gedichtform, der im 17. Jahrhundert lebte.

Sanft umweht er mich.
Ich spüre seinen Hauch wie
Atem auf der Haut.
(Matsuo Basho)

2.2.6 *Das Akrostichon*

Das Akrostichon (altgriechisch *akron* = Spitze, *stichos* = Vers) war schon im Altertum bekannt; es hatte ursprünglich eine magische Funktion.

Anleitung

Wählen Sie Ihr Thema. Das kann ein Wort, aber auch ein Name sein.

Schreiben Sie die Buchstaben dieses Wortes oder Namens senkrecht untereinander.

Schreiben Sie nun in jede Zeile, beginnend mit dem jeweiligen Buchstaben, ein Wort oder einen Satz, das/der das Thema beschreibt oder weiter ausführt.

Beispiel: der Name Gisela

Geistig wach – sie will es bleiben
Immer noch neugierig
Sorgfältig, aber nicht sorglos
Entschlussfreudig
Lacht gern und viel
Achtfache Großmutter

2.2.7 Das ABC-Darium

Das ABC-Darium ist ein Schreibspiel, das in seinen Anfangszeilen den Buchstaben des Alphabets von A bis Z folgt.

Anleitung:

Wählen Sie ein Thema (s.u.).

Schreiben Sie die Buchstaben des Alphabets senkrecht untereinander.

Dann füllen Sie die einzelnen Zeilen mit zum Thema passenden Wörtern oder Sätzen aus. Dabei muss man nicht beim Buchstaben A anfangen, sondern dort, wo der Impuls kommt.

Themen, die sich für ein ABC-Darium besonders eignen, gibt es viele. Zum Beispiel:

- Was mir in meinem Leben wichtig ist.
- Was ich mir wünsche.
- Was ich mag; was ich nicht mag.
- Ich wünsche dir zum Geburtstag, zum Neujahr …
- Die Höhepunkte eines bestimmten Jahres
- Die Zusammenfassung einer Reise

Beispiel: Was ich einer 60-jährigen Frau zum Geburtstag wünschte:

Aufmerksamkeiten für die Schönheiten in der Natur
Bücher, die deine Neugierde wecken

Champion sein, immer mal wieder
Düfte, die dich beschwingt machen
Entdeckungen in dir und um dich herum
Frieden, auch wenn es um dich herum brodelt
Garantiertes Ein- und Durchschlafen
Himmlische Gefühle
I/Jung bleiben im Kopf und in deinem Herzen
Kerngesund bleiben
Lachfältchen
Mittagsschläfchen im Liegestuhl
Nichtalltägliches genießen
Oben stehen und ins Tal hinunterschauen
Pausen, ohne auf die Uhr schauen zu müssen
Querfeldeinspaziergänge
Rückzugsmöglichkeiten
Sicht bis zu den Sternen
Träume – lebe sie
Und einen Geldbeutel ohne Loch
Visionen
Wiedersehen mit mir
XY/Zärtlichkeiten in Worten und Taten

2.3 Vom fremden zum eigenen Text

„Schläft ein Lied in allen Dingen,
die da träumen fort und fort,
und die Welt hebt an zu singen,
triffst du nur das Zauberwort."
(Joseph von Eichendorff)

2.3.1 *Filtern*

Wir lesen einen Text und, wenn wir ganz präsent sind, verknüpfen wir manchmal ein Wort oder einen Satz mit unserem Erfahrungsschatz. Das geht rasend schnell, und meistens verschwindet der Gedankenblitz auch wieder aus unserem Gedächtnis. Es sei denn, wir notieren den auslösenden Gedanken und schreiben unsere Erkenntnis dazu. Um die Lektüre nicht zu unterbrechen, reicht ein feiner Bleistiftstrich am Rand des Buches, den man gut wieder ausradieren kann.

Es spielt keine Rolle, ob wir mit dem Autor oder der Autorin einverstanden sind. Wichtig ist, dass eine Aussage uns zum Nachdenken anregt und was wir daraus machen. Diese Methode nennt man Filtern. Wenn Sie Ihnen sympathisch ist, dann haben Sie verschiedene Möglichkeiten, sie auszuprobieren.

Anleitung:

- **Variante 1:** Schreiben Sie den am Rand bezeichneten Satz ab und ergänzen Sie ihn mit eigenen Gedanken.
- **Variante 2:** Schlagen Sie irgendeine Seite in einem Buch auf, schließen Sie die Augen und tippen Sie mit dem Finger auf den Text. Dieses blind gewählte Wort machen Sie zu Ihrem Wort. Sofern Sie das Wort verstehen, fallen Ihnen bestimmt ein paar Sätze dazu ein.
  Achtung: Abstrakte Wörter, die kein inneres Bild auslösen, sind nicht geeignet.
- **Variante 3:** Kreisen Sie einige Worte auf einer Seite ein und gliedern Sie sie in Ihren eigenen Text ein.

2.3.2 *Worte lösen Gedanken aus*

Wortgeschenke: Erbitten Sie von jemandem ein Wort. Nehmen Sie es auf und schreiben Sie, was Ihnen dazu einfällt. Wenn ein Kind in Ihrer Nähe ist, bitten Sie es ebenfalls um ein Wort. Ein Kind überlegt nicht lange. Für ein Kind ist das ein Spiel und für

Sie als Schreibende sollte es auch eines sein. Vielleicht entsteht sogar aus diesem einen Wort eine Geschichte, die sie dem Kind vorlesen können.

Ihr persönliches Wörterbuch: Sammeln Sie Kraftworte, kostbare Worte, die Sie vom Klang oder vom Rhythmus her lieben, und schreiben Sie sie in Ihr Tagebuch oder in ein separates kleines Büchlein und gestalten sie es zu einem Wörterbuch. Unsere Muttersprache hat einen üppigen Wortschatz, aus dem wir unendlich lang schöpfen können. Oft ist uns das gar nicht bewusst, brauchen wir doch im Alltag immer wieder dieselben Begriffe.

Damit Ihre Lieblingsworte auch Kraft und Gestalt bekommen, räumen Sie in Ihrem Büchlein jedem Wort eine ganze Seite ein. Solche besonderen Worte lieben auch Farben. Sie sind für sie quasi Designerkleider. Wenn Sie später in Ihrem Wortbüchlein mit den Lieblingswörtern blättern, ist das eine Liebeserklärung an die Sprache.

Das schönste deutsche Wort

Der deutsche Sprachrat, zu dem die Gesellschaft für deutsche Sprache, das Goethe-Institut, das Institut für Deutsche Sprache und der Deutsche Akademische Austauschdienst gehören, lancierte 2004 einen internationalen Wettbewerb zum Thema „Das schönste deutsche Wort“. Wer sich beteiligen wollte, sollte sein Lieblingswort einreichen sowie eine Begründung. 12.000 Menschen aus 111 Ländern sandten ihre Lieblingsworte ein, z.B.: Schlaraffenland, mäandern, saumselig, Luftikus, Pfirsichhaut, tafeln, trotzdem, Geistesblitz, Rhabarbermarmelade, vielleicht, trödeln, menscheln ..., aber auch unscheinbare Worte wie „ein“. Sie alle kann man in dem schön gestalteten Buch *Das schönste deutsche Wort* (herausgegeben von Jutta Limbach) nachlesen.

Und welches Wort hat gewonnen? „Habseligkeiten“ wurde 2004 zum schönsten deutschen Wort auserkoren. Neben einer Erwachsenenjury gab es auch eine Kinderjury. Diese wählte das Wort „Libelle“.

2.3.3 *Zitate und Sprichwörter*

Sammeln Sie Zitate, Sprichwörter oder beides? Solche Weisheiten oder pointierten Aussagen bestätigen uns oder sie fordern uns heraus. Mit manchen können wir uns identifizieren, mit anderen sind wir nicht einverstanden.

Anleitung:

Schreiben Sie ein Zitat oder Sprichwort in Ihr Buch und fügen Sie Ihre eigenen Gedanken hinzu.

Beispiele:

Was Hänschen nicht lernt, lernt Hans nimmermehr.
Lieber den Spatz in der Hand als die Taube auf dem Dach.
Träume sind Schäume.
Die Zeit hat Flügel.

„*Jeder Tag deines Lebens ist ein ungeschriebenes Blatt.*" (Franz Schmidberger)

„*Ich werde meine Ideale nicht begraben, sondern sie im Garten einpflanzen.*"
(Erich Kästner)

„*Nicht die sind zu bedauern, deren Sehnsüchte nicht in Erfüllung gehen, sondern diejenigen, die keine mehr haben.*" (Marie von Ebner-Eschenbach)

2.4 Fragmentarisch schreiben – ideal für Nichtperfektionisten

Fragmentarisch schreiben heißt, einen bruchstückhaften, unvollständigen Text zu schreiben. Es ist eine knappe und flüchtige Form dessen, was einem durch den Kopf geht. Fragmentarisch schreiben befreit von Zeitdruck und Perfektion. Um etwas Wesentliches auszudrücken ist hier nicht die Menge der Worte und Gedanken entscheidend. Manchmal brauchen wir tatsächlich viele Worte, um das zu formulieren, was wir meinen. Wir dringen dann langsam ins Zentrum vor, bis wir sicher sind, etwas auf den Punkt gebracht zu haben. Oft aber genügt ein Satz, und dieser Satz trifft den Nagel auf den Kopf. Bisweilen reicht sogar ein einziges Wort. Wenn wir dieses Wort später lesen, öffnet sich ein Vorhang, und hinter dem Vorhang erscheint unsere Geschichte. Wir wissen sofort, um was es geht. Ob viele Worte oder nur ein einziges: Man sollte sich einfach später erinnern können, was gemeint war.

Wenn Sie also wenig Zeit haben und trotzdem täglich ein, zwei Gedanken in Ihr Buch notieren möchten, setzen Sie sich ein paar Minuten hin, werden Sie ruhig und spüren Sie Ihren Atem. Beobachten Sie, was jetzt gerade geschieht, und schreiben Sie in höchstens drei, vier Sätzen auf, was Sie wahrnehmen, denken, empfinden. Wir denken ja ununterbrochen und können, selbst wenn wir es wollten, nicht einfach unseren Gedankenfluss abstellen und leer werden.

Es gibt Gedanken, die durch unser Hirn flattern wie Schmetterlinge. Andere setzen sich und werden schwer wie Steine. Letztere halten wir eher fest. Die Schmetterlingsgedanken aber sind genauso interessant. Sie gleiten meistens unbeachtet an uns vorbei und wir nehmen sie nicht oder kaum wahr. Versuchen Sie, diese Gedanken in wenigen Sätzen zu skizzieren. Sie werden dabei überraschende Entdeckungen machen. Vielleicht stoßen Sie auf Erkenntnisse, die Ihnen Mut machen, sie in die Tat umzusetzen. Oder Sie beachten etwas zum ersten Mal, obwohl sie es täglich um sich haben. Halten Sie diese Gedanken in Ihrem Buch fest und freuen Sie sich darüber, dass Sie sie eingefangen haben.

Im Grunde genommen schreiben wir, wenn wir fragmentarisch schreiben, genauso, wie wir denken, nämlich bruchstückhaft. Es geht nämlich darum, einen Gedanken frei, schnörkellos, ohne Einleitung oder Schlusssatz zu Papier zu bringen und ihn einfach so stehen zu lassen. Wir müssen nicht immer alles hinterfragen. Es ist zwar wünschenswert, wenn wir das von Zeit zu Zeit tun und versuchen, auf diese Weise in die Tiefe zu gehen, um uns selbst besser zu verstehen und entsprechend zu handeln. Doch Gedanken zwischendurch absichtslos zu fixieren ist befreiend. Es zeigt uns, dass wir leben und nicht gelebt werden. Wir spüren unsere innere Vitalität, und so bleiben wir jung, unabhängig von unserem Alter.

Beispiele:

- Ich bin eine Frau, die nie genug Zeit hat. All die Schätze um mich herum. Ich möchte sie alle entdecken und weiß gleichzeitig, dass ich auswählen muss. Auswählen können, nicht müssen, ist eine Form von Freiheit.
- Nicht die Hände in den Schoss legen, nein, schöpfen will ich, hervorkitzeln, was in mir brachliegt, um nicht am Ende meiner Tage erkennen zu müssen, dass das Leben an mir vorbeigerast ist, auch wenn das sowieso passiert.
- Am höchsten Punkt des Berges stehen und das Panorama genießen, nachdem es mir gelungen ist, Geist und Körper miteinander zu verkuppeln, so stelle ich mir das Paradies vor.
- Ich erlaube mir zu träumen.
- Heute beobachtete ich einen Rotmilan, wie er schwerelos mit weit ausgebreiteten Flügeln über meinem Kopf segelte und ruhig seine Bahnen drehte. So möchte ich leben, dachte ich: ruhig, konzentriert, zielbewusst meine Flügel flattern lassen.
- Ich vertraue meinen Eingebungen. (RMD)

3. Lebendige Schreibpraxis

Jetzt geht es in die Praxis, was konkret bedeutet: Wir beschäftigen uns mit verschiedenen Themen, Zeiten und Formen und damit, wie wir einen Teil unseres gelebten und gegenwärtigen Lebens festhalten können. Blättern Sie die folgenden Seiten durch und wählen Sie ein Thema und eine Form, die Ihnen Freude bereiten. Mithilfe der verschiedenen Methoden aus dem vorhergehenden Kapitel können Sie jedes gewählte Thema auf verschiedene Arten vertiefen, indem Sie es einmal ganz anders angehen. Um einen Text zu gestalten, stehen uns viele literarische Formen zur Verfügung: Skizzen, Listen, Erzählungen, Verdichtungen, Chronik der Außenwelt, Reiseerlebnisse, Beobachtungen … Wenn wir sie in unser Schreiben einbeziehen, wirkt das sehr belebend auf den Schreibprozess, und auch die Ergebnisse sind alles andere als langweilig.

Tagebuchschreiben ist das vielseitigste Genre überhaupt. Wir können nach Lust und Laune hin und her pendeln zwischen Außen- und Innenwelten. Tagebücher sind so verschieden wie die Menschen, die sie schreiben. Allen Genres gemeinsam ist jedoch die Chronologie, also das Datum des jeweiligen Eintrags. Und hier möchte ich nochmals dazu anregen, jedem Eintrag nach dem Schreiben einen Titel zu geben (siehe Kapitel 2, S. 27). Nach dem Schreiben deshalb, da wir im Voraus ja noch nicht genau wissen, wohin die Schreibreise führt. Erst an ihrem Ende können wir eine Quintessenz ziehen, die sich im Titel wiederfindet.

Manche Schreibende besitzen ein Tagebuch mit Gedanken aus dem Hier und Jetzt und ein weiteres für zurückliegende Erinnerungen. Ebenso gibt es separat geführte Reisetagebücher, Traumbücher direkt neben dem Bett oder Bücher zum Notieren von Beobachtungen im Garten.

Ich begnüge mich mit zwei Büchern. Eines für die äußeren Ereignisse und eines für die inneren. Das Buch, das äußere Ereignisse dokumentiert wie Ausstellungen, Filmvorführungen, Konzerte etc., ist chronologisch aufgebaut und beinhaltet neben Flyern, Eintrittskarten und Bildern auch eigene Eindrücke des jeweiligen Anlasses. Doch auch in dem Buch, bei dem es um die persönlichen Themen und Empfindungen geht, ist es natürlich sinnvoll, die Einträge mit einem Datum zu versehen.

Wie Sie sich auch organisieren, wichtig ist, dass Sie sich dem Thema zuwenden, das Sie im Moment bewegt oder interessiert, und es wechseln, wenn Sie Ermüdungserscheinungen spüren. Wandern Sie zeitlich hin und her. Pendeln Sie zwischen der Vergangenheit, der Gegenwart und der Zukunft. Auf diese Weise wird Sie die Freude am Schreiben hoffentlich eine lange Zeit begleiten.

3.1 Tagebuchschreiben im Hier und Jetzt

„Es blitzt ein Tropfen Morgentau
Im Strahl des Sonnenlichts;
Ein Tag kann eine Perle sein
und ein Jahrhundert nichts."
(Gottfried Keller)

Ein Tag wie viele: grau, alltäglich, banal. Lustlos schauen wir aus dem Fenster. Ein solcher Tag löst keine Schreibstimmung aus, da müssten schon Farbtupfer her. Doch woher nehmen?

Der Alltag ist manchmal wie ein unscheinbarer Hahnenfuß, welcher unter Tausenden auf der Wiese blüht. Niemand beachtet ihn. Und doch: Würden wir die Blume unter einem Vergrößerungsglas beobachten, wären wir erstaunt über das zarte, feine Innenleben. Im Hahnenfußgelb entdecken wir beispielsweise an einzelnen Blütenblättern orangene Farbnuancen. Das Beobachten einer kleinen Mücke, wie sie sich zwischen den Staubblättchen hin und her bewegt, fasziniert uns. Und plötzlich ist der ach so langweilige Hahnenfuß **der** besondere Hahnenfuß schlechthin.

Im Tagebuch haben gerade die Kleinigkeiten Platz – die unscheinbaren Entdeckungen, Freuden, Fehlschläge. Von ihnen lernen wir viel über uns selbst. Indem wir sie bewusst erleben, finden wir heraus, dass unser Leben viel reicher ist, als wir vermutet haben. Es geht also nicht darum, dass wir mehr erleben, sondern, wie Marie von Ebner-Eschenbach sagt: „Nicht, was wir erleben, sondern wie wir empfinden, was wir erleben, macht unser Leben aus." Es geht also um das Durchdringen des Erlebten, um das Empfinden dessen, was wir erleben.

Im Folgenden lade ich Sie ein, Ihren Alltag von verschiedenen Seiten her zu beleuchten. Betrachten Sie einen gewöhnlichen Tag genau, mit Liebe zum Detail. Sie werden staunen, wie er sich zu einem einzigartigen Tag verwandelt, an dem Sie nicht gelebt werden, sondern leben. Er wird zu einem spannenden Tag mit überraschenden Seiten.

Viel Vergnügen beim Auswählen der Erlebnisse und ihrer Verarbeitung in Ihrem Buch!

3.1.1 Schreibideen für den Tagesverlauf: Morgenthemen

Schön, dass Sie sich Zeit nehmen und die Morgendämmerung und die ersten Stunden des Tages nicht einfach so an sich vorbeiziehen lassen. Der Morgen hat eine besondere Qualität. Er ist ein Neubeginn, trotz Sorgen, ungelöster Fragen, die Sie möglicherweise mitschleppen. Nutzen Sie diese besondere Atmosphäre zum Schreiben und gleichzeitig zum Offenwerden für die kommenden Stunden, denn oft ist der Tagesanfang die Weichenstellung für den Rest des Tages.

Träume

Erinnern Sie sich daran, was Sie letzte Nacht geträumt haben? Auch wenn nur ein Traumfetzen hängen geblieben ist – schreiben Sie ihn auf. Das Erinnerungsvermögen an Ihre Träume können Sie schulen, indem Sie Ihr Tagebuch mitsamt einem Schreibstift abends neben Ihr Bett legen und sich vor dem Einschlafen folgende Affirmation sagen: „Heute Nacht träume ich.“ Dies aktiviert Ihr Unterbewusstsein und Sie erinnern sich besser an Ihre Träume.

Oft sind unsere Träume unverständlich. Interpretieren Sie sie deshalb nicht, sondern schreiben Sie einfach Ihre Traumbilder und -handlungen auf, und vor allem, was Sie dabei empfunden haben. Später – mit etwas Abstand – wird ein verschlüsselter oft zu einem entschlüsselten Traum.

Aufwachen und dann?

Wie sahen die ersten zehn Minuten des heutigen Tages aus? Haben Sie ein Aufwachritual? Und wenn ja, wie läuft es ab?

Schreiben Sie wenige Minuten lang einen automatischen Text (S. 28) und rahmen oder unterstreichen Sie anschließend die wichtigste Aussage. Wenn Sie weiterschreiben möchten, nehmen Sie diese Aussage als Titel und schreiben dazu einen neuen Text oder ein Haiku (siehe S. 34).

Der Blick aus dem Fenster

Sie erwachen, strecken sich und blicken zum Fenster hinaus. Umgibt Sie kühle Luft, spüren Sie wärmende Sonnenstrahlen, durchstreifen Nebelschwaden den Himmel? Schreiben Sie den ersten Eindruck des Tages in Ihr Buch. Auch wenn Sie noch im Bett liegen, den neuen Tag beginnen Sie jetzt mit wachem Geist. Das verspreche ich Ihnen.

3.1.2 Schreibideen für den Tagesverlauf: Schreiben während des Tages

„Es ist wirklich seltsam, aber schon irgendetwas aufzuschreiben ist eine Hilfe, die uns unseren Weg erleichtert.“
(Katharine Mansfield)

Ein Bild zeigt mehr als viele Worte

Manchmal ist es einfacher, unser Befinden in einem Bild, einem Symbol oder einem Vergleich auszudrücken. Mit Bildern können wir gefühlsmäßig eher das wiedergeben, was wir empfinden.

Ich bin ein starker Baum mit ausladenden Ästen.
Heute arbeite ich im fünften Gang.
Ich fühle mich wie ein Fass ohne Boden.
Ich fühle mich heute leicht wie ein Luftballon.

Wie fühlen Sie sich?

Augenblicke – im Tagebuch festgehaltene

Um konkret erlebte Momente, die Erinnerungswert haben, geht es im Folgenden. Werden diese Augenblicke in einem Schreibskizzenheft festgehalten, so entsteht eine spezielle Form des Tagebuchs, eines, das auf das aufmerksame Registrieren und Festhalten äußerer Ereignisse Wert legt, auf scheinbare Nebensächlichkeiten des Alltags.

Notieren Sie einen Tag lang einzelne Beobachtungen und Überlegungen, indem Sie jeweils ein, zwei Sätze aufschreiben. Diese Sätze müssen nicht zusammenhängend sein.

Beispiel:

Das Festnetz funktioniert nicht mehr. Vergeht wirklich kein einziger Tag ohne Herausforderung?
Elsa begießt ihr Blumenbeet, obwohl es in einer Stunde regnen wird.
Heute belohne ich mich mit dem Buch zum Thema „Wasserfälle“.
(RMD)

Rituale

Welche Rituale gehören zu Ihrem Alltag? Wie wichtig sind Sie Ihnen? Schreiben Sie sie auf.

Was denken Sie gerade?

Allein diese Frage setzt unzählig viele Nervenzellen in Ihrem Kopf in Bewegung. Wir können gar nicht anders: Geistig sind wir ständig in Bewegung, denn Gedanken sind physikalisch betrachtet Signale, die unsere Nervenzellen untereinander austauschen.

Halten Sie nun für einen Augenblick inne und schreiben Sie einen automatischen Text. Ohne den Stift vom Papier zu nehmen, notieren Sie fünf Minuten lang in zügigem Tempo all das, was Ihnen gerade jetzt durch den Kopf geht (siehe S. 28).

Lesen Sie anschließend den Text durch, kreisen Sie dann das wichtigste Wort oder die wichtigste Aussage ein und schreiben Sie einen weiteren, etwas längeren neuen Text, der einen Zusammenhang zu dem Wort bzw. der Aussage hat.

Diese Gedankenreise bleibt nicht ohne Wirkung. Vielleicht taucht, scheinbar aus dem Nichts, eine Idee auf oder eine Erkenntnis – und sei sie auch noch so klein –, die sie überrascht. Freuen Sie sich über sie.

Die Stunde, die ich liebe

Welche Stunde des Tages schätzen Sie? Sind es die Stunden am Frühstückstisch, mit der Zeitung? Samstägliche Grillabende im Sommer? Die dunklen Abendstunden im Dezember? Der frühe Morgen, wenn der Tag erwacht? Die halbe Stunde vor dem Einschlafen? Oder ist es der frühere Nachmittag, wie er im folgenden Beispiel geschildert wird?

In den frühen Nachmittagsstunden zwischen 14 und 16 Uhr spüre ich eine Ruhe, eine gewisse Schwere, aber auch eine Sanftheit in der Atmosphäre. Eine Zeitspanne, wo ich konzentriert arbeiten kann, manchmal auch träge werde, um dann Kräfte zu tanken. Es sind die Stunden des Tages, wo ich mich nach innen wende. Ich mag die Stille dieser Tageszeit besonders, da sie mich weitergehen lässt, wo ich wieder wacher und lebendiger werde. (A.N.)

Die Idee des Tages

Gehören Sie zu den Menschen, die vor Ideen nur so sprühen? Plötzlich schießt Ihnen ein fantastischer Einfall durch den Kopf. Nur – leider ist er im nächsten Moment schon wieder verschwunden. Schreiben Sie ihn kurz auf einen Zettel und kleben Sie die Idee später in Ihr Buch. Oder erstellen Sie eine separate Seite in Ihrem Buch mit dem Titel „Ideen". Füllen Sie die Seite nach und nach. Hin und wieder trägt eine Idee Früchte, und Sie fühlen sich danach lebendig und leicht.

Was du heute kannst besorgen, das verschiebe nicht auf morgen

Wie stehen Sie zu diesem Sprichwort? Haben Sie es heute umgesetzt? Oder haben Sie Dinge unerledigt gelassen und beiseitegeschoben? Umgekehrt: Ist Ihnen noch im Bewusstsein, was Sie im Laufe des Tages erledigt haben? Erstellen Sie eine Liste mit all den Aufgaben, die Sie heute bewältigt haben. Falls Sie sich einen „blauen Tag" gegönnt haben, schreiben Sie Ihre Beobachtungen auf. Oder möchten Sie einfach das Sprichwort ändern?

Der heutige Lichtblick oder Glücksaugenblicke

Lichtblicke sind manchmal so kurz wie Blitze am Himmel. Sie können ein Telefongespräch sein, das Betrachten einer blühenden Linde oder das Finden eines Gegenstands, den Sie schon lange gesucht haben. Beschreiben Sie einen solchen Lichtblick oder Glücksaugenblick und verewigen Sie ihn anschließend in einem dreizeiligen Gedicht (S. 32).

Notieren Sie eine Woche lang jeden Tag, was Ihnen heute Freude bereitet oder geholfen hat, mit schwierigen Situationen fertigzuwerden. Vielleicht tun Ihnen diese kurzen Notate so gut, dass daraus ein Freudentagebuch entsteht?

Das ABC des heutigen Tages

Was war heute schön, langweilig, lustig, traurig, unangenehm, peinlich? Was hat Sie geärgert, gefreut, überrascht?

Wie war das Wetter? Was haben Sie gegessen? Mit wem haben Sie geredet? Wo haben Sie sich aufgehalten?

Was haben Sie entdeckt? Welche Erkenntnisse hatten Sie heute?

Schreiben Sie ein ABC-Darium (S. 35) und setzen Sie als Titel den heutigen Tag. Diese kreative Zusammenfassung eines bestimmten Tages wirkt belebend.

Dinge, die nicht beachtet wurden

Gehen Sie zurück zum Anfang dieses Tages und konzentrieren Sie sich auf all die Dinge, die Sie heute übersehen, denen Sie keine Aufmerksamkeit geschenkt haben. Auf diese Weise können Sie nachvollziehen, was Sie zwar gesehen, aber nicht beachtet haben. Schließen Sie Ihre kurze Liste mit einem positiven Gedanken ab.

Beispiel:

Ich vergaß heute Morgen, meinen Nachbarn zu grüßen.
Ich habe das Frühstück nicht genossen.
Ich habe die Blumen auf dem Balkon übersehen.
Ich habe mich heute nicht über meine freie Zeit gefreut.
Sina aber geht es gut. Dank mir.
(RMD)

Sich täglich verlieben

Um uns lebendig zu fühlen, brauchen wir einen gewissen Enthusiasmus, eine Faszination für Menschen, Orte, Begebenheiten. Diese Haltung hilft uns, offen zu sein. Verlieben Sie sich mindestens einmal am Tag. Verlieben Sie sich in einen Baum, in eine besondere Wildblume, in eine Komposition von Mozart, in ein Bild, in ein kleines Kind, das hingebungsvoll spielt, in das Lächeln Ihres Partners … Schreiben Sie darüber einen Text und anschließend ein kurzes Gedicht (S. 30 ff.).

Beispiel:

Das Gewitter
Die Buche vor dem Fenster windet sich vor Nässe,
Der Wind pfeift durch die Äste,
Ich aber liebe meine Seidendecke, die meinen warmen Körper umhüllt.
(RMD)

3.1.3 Schreibideen für den Tagesverlauf: Den Tag beenden

Sie sind müde, aber eine kleine Zusammenfassung des heutigen Tages möchten Sie vor dem Schlafengehen noch notieren. Wählen Sie eine oder mehrere Möglichkeiten aus:

- der Frust des Tages
- die Idee des Tages
- die Freuden des Tages
- die Erkenntnis des Tages
- den Fehler des Tages
- die Leistung des Tages
- das Glücksgefühl des Tages
- die Dankbarkeit des Tages
- die mir geschenkte Zeit des Tages

3.2 Meine Eigenart erkennen – meine Identität stärken

„Finde dich, sei dir selbst treu,
lerne dich zu verstehen
folge deiner Stimme,
nur so kannst du das Höchste erreichen.“
(Bettina von Arnim)

Bettina von Arnim lädt uns ein, offen für neue Erkenntnisse und Erfahrungen zu sein, uns zu erforschen, nach innen zu schauen und uns mit uns selbst zu beschäftigen. Das hat nichts mit Egozentrik oder Egoismus zu tun. Das eigene Ich auf dem Weg zur Selbstwerdung immer besser kennenzulernen oder uns von einer neuen Seite zu entdecken gibt uns Anregungen und Impulse für unser geistiges Wachstum. Und das wiederum hilft dabei, toleranter und liebevoller mit dem persönlichen Umfeld umzugehen.

Zu wissen, wer wir sind, macht das Leben ganzheitlicher. Wir funktionieren nicht mehr nur, sondern beginnen bewusster und vitaler zu leben und fühlen uns dadurch selbst intensiver, energievoller, souveräner und sind stärker mit der Welt verbunden. Wir bekommen ein Gespür für unser Dasein. Je besser wir uns kennen, desto mitfühlender werden wir anderen gegenüber. Wir können uns gelassener annehmen, wie wir sind, und auch andere akzeptieren, wie sie sind.

Die nachfolgenden Tagebuchanregungen ermuntern herauszufinden, wer wir sind, was in uns vorgeht, was uns wichtig ist, wie wir das Leben anpacken. Welche Punkte unserer Seele bringen wir in Schwingung? Wo spüren wir Widerstände, wo Glück? Was wäre veränderungswürdig, was erhaltenswert?

Beginnen Sie mit Themen, die Ihnen behagen. Versuchen Sie, falls Sie mögen, das gleiche Thema methodisch verschieden anzugehen. Experimentieren Sie. Verarbeiten Sie zum Beispiel ein Thema zu einem Gedicht, schreiben Sie einen Brief, einen Dialog, eine Rede. Suchen Sie sich gerne ganz andere Themen als die, die ich Ihnen hier vorschlage, oder erweitern bzw. verändern Sie meine Anregungen. Seien Sie kreativ in Sprache, Farbe und Form. Und: freuen Sie sich über Ihre neu entdeckte Kreativität.

Schreibideen zu Eigenarten und Ihrer Identität

Die Uhr meines Lebens

Wie jung fühlen Sie sich? Zeichnen Sie eine Uhr in Ihr Buch und setzen Sie die Zeiger so, dass sie die gefühlte Lebenszeit anzeigen (nicht die physische). Es geht um Ihr Lebensgefühl.

Vervollständigen Sie nun folgende Sätze:

> Es ist zu spät, um …
> Es ist zu früh, um …
> Es ist die richtige Zeit, um …

Wenn Sie mögen, schreiben Sie zu jedem Satz mehrere Gedanken auf und überlegen am Schluss nochmals, ob Sie die Zeiger der Uhr richtig platziert haben.

Die Jahreszeiten Ihrer Seele

Geburt und Tod sind zwar Gegensätze, aber auf den zweiten Blick sind sie zwei Seiten im Zyklus des Lebens. Leben und Sterben sind untrennbar miteinander verbunden. Es braucht den Winter, damit es Frühling werden kann, und so ist es auch mit den inneren Jahreszeiten.

Schreiben Sie Dinge auf, die in Ihrem Leben sterben oder schwächer werden. Sie verlieren an Bedeutung. Das Interesse ist verschwunden.

Schreiben Sie Dinge auf, die gerade im Entstehen sind, die auftauchen oder zurückkehren, die wichtig und wünschenswerter sind.

Wählen Sie einen Gedanken, der für Sie besonders interessant ist, und beschreiben Sie Ihre Geschichte des Entstehens und Vergehens.

Was tut Ihnen gut?

Listen Sie auf, was Ihnen guttut. Vergessen Sie die kleinen Dinge nicht, wie zum Beispiel den Genuss eines Schaumbades oder das kühle Bier an einem heißen Tag. Was braucht Ihr Körper, was braucht Ihre Seele, was braucht Ihr Geist, damit sie sich wohlfühlen? Das ABC-Darium (S. 35) eignet sich gut für dieses Thema.

Ähnlich vorgehen können Sie mit folgenden Themen:

Was macht Ihr Leben lebenswert?
Was mögen Sie? Was mögen Sie nicht?
Was wünschen Sie sich?

Zu jedem Begriff, jedem Satz, der Ihnen als Antwort auf diese Fragen einfällt, könnten Sie einen längeren Text schreiben.

Glücksmomente

Wie viele Glücksmomente fallen Ihnen ein? Beginnen Sie eine Liste, die Sie endlos fortführen können, und füllen Sie sie nach und nach. Kommen Sie auf 100 Beispiele?

Beispiel:

Buschwindröschen im Frühling am Waldesrand
20 Minuten Mittagsschlaf und der anschließende Kaffee
Auf dem Liegestuhl liegen und ein Buch lesen
Käse, Brot und ein Glas Wein mit Freunden genießen
Das Lächeln eines Babys
Das Erreichen eines Gipfelkreuzes
(RMD)

Starke Sätze als Lebensmotto

Es gibt Sätze im Leben, an die wir uns immer wieder erinnern. Das sind Sätze, die Mut machen, uns Kraft geben, die uns weiterhelfen, trösten und erheitern, aber auch nachdenklich machen können.

Welche Sätze haben Sie nicht vergessen? Welcher Satz ist Ihnen im Lauf des Lebens zugeflogen und haften geblieben? Bekamen Sie ihn von den Eltern, den Großeltern oder vom Pfarrer als Konfirmationsspruch? Oder haben Sie einen wichtigen Satz in einem Buch entdeckt? Notieren Sie diesen Schlüsselsatz und schreiben Sie, bei welcher Gelegenheit er im Leben nützlich war und vielleicht heute immer noch ist. Oder hat dieser Satz heute für Sie keine Bedeutung mehr? Auch darüber können Sie schreiben.

Akrostichon mit Ihrem Namen

Welches ist Ihre Eigenart? Wie empfinden Sie sich? Wie fühlen Sie sich im Augenblick? Ein Akrostichon (siehe S. 34) ist eine Momentaufnahme. In einem Jahr werden Sie vielleicht bei einzelnen Buchstaben neue Begriffe einsetzen. Und in zehn, zwanzig Jahren sowieso.

Stellen Sie sich als zehnjähriges Kind vor. Wie sieht dann Ihr Akrostichon aus? Und was für ein Akrostichon schreiben Sie, wenn Sie an Ihre Pubertät zurückdenken? Gibt es Ähnlichkeiten mit dem jetzigen Akrostichon? Gestalten Sie Ihren Namen farbig.

Mein Baum

Malen Sie in Ihr Buch einen Baum mit Wurzeln, Stamm und Zweigen. Jede Wurzel steht für ein Talent bzw. für eine Fähigkeit und jeder Ast für einen Erfolg, den Sie erreicht haben. Benennen Sie die Wurzeln und Zweige entsprechend. Der Stamm sind Sie selbst.

Geben Sie nicht so schnell auf, wenn Ihr Baum beim ersten Zeichenversuch nicht gerade vor Gesundheit strotzt. Überlegen Sie, wo Sie noch eine Wurzel ergänzen können, wo einen weiteren Zweig. Erfolg muss nicht unbedingt nach außen orientiert sein. Denken Sie an Ihren ganz persönlichen Erfolg, den nur Sie kennen, und vergessen Sie auch die Talente nicht, die zwar wirtschaftlich nichts bringen, aber zwischenmenschlich von Bedeutung sind.

Betrachten Sie Ihren Baum, der Ihnen hoffentlich ein Lächeln entlockt beim Betrachten des Geleisteten und Erschaffenen.

Wer sich Fragen stellt, lebt

Ob philosophische Fragen, Lebensfragen, Wissensfragen, Beziehungsfragen oder Fragen, die den Alltag betreffen: Fragen werden uns bis zu unserem Tod beschäftigen. Fragen gehören zu unserem Mensch-, zu unserem Lebendigsein. Sich selbst eine Frage zu stellen ist eine gute Technik, um schreibend engagiert zu bleiben. Wenn Sie Fragen lieben, schreiben Sie einen Selbstbefragungskatalog. Oder: Stellen Sie sich vor, Sie sind berühmt und werden zum nächsten runden Geburtstag interviewt. Es folgen gleich einige Möglichkeiten für Fragen, die Ihnen gestellt werden. Wie antworten Sie?

Woraus schöpfen Sie? Welches sind Ihre Wurzeln?
Welche Erlebnisse haben Sie nie vergessen?
Wann waren Sie ganz und gar glücklich?
Was prägt Ihr Denken und Fühlen?
Auf was möchten Sie niemals verzichten?
Welche Rituale sind Ihnen wichtig?
Welche Frauen/Männer finden Sie beeindruckend?
Wie möchten Sie alt werden?
Was haben Sie im Lauf Ihres Lebens gelernt? Was möchten Sie in Zukunft noch lernen?
Welche drei Wünsche sollen in Erfüllung gehen?
Welche Bedeutung hat Ihre Arbeit für Sie?
Welchen Teil unserer Erde möchten Sie noch bereisen?
Was macht Ihr Leben lebenswert?

Gibt es Fragen, die Sie nicht beantworten können? Und wenn ja, welche?

Mehr zu diesem Thema finden Sie auch im Kapitel „Die Kunst des Fragens" (S. 84).

Wer bin ich?

Diese Frage aller Fragen zu beantworten ist nicht leicht. Versuchen Sie es trotzdem. Beschreiben Sie sich so, dass Sie am Schluss Ihres Textes einen liebevollen Eindruck von sich selbst haben. Er ist auch nicht in Stein gemeißelt. Nach fünf Jahren werden Sie vielleicht Ihre Selbstreflektion präzisieren oder abändern.

„Ich bin nicht tapfer. Ich bin unzuverlässig und faul, dass Müßiggang mir fast zur alles beherrschenden Gewohnheit geworden ist. Ich bin gescheit, aber mein Verstand ist noch nie und nirgends gründlich auf die Probe gestellt worden ... Ich bin anständig, das heißt, ich liebe das Gute, habe mir zur Gewohnheit gemacht, es zu lieben; und wenn ich von ihm abweiche, bin ich unzufrieden mit mir und kehre freudig zu ihm zurück; aber es gibt Dinge, die ich mehr liebe als das Gute – den Ruhm."
(Leo Tolstoi, Tagebücher)

Die Mutter aller Listen

Tausend Jahre sind es her, seit die Japanerin Sei Shonagon, von der wir fast nichts wissen, ihr *Kopfkissenbuch* geschrieben hat. Nur dies ist belegt: Sie wurde etwa im Jahre 965 geboren und war eine Hofdame der Kaiserin Sadako.

Das Herz des *Kopfkissenbuchs* sind die über den Text verteilten 164 Listen, in denen Sei Shonagon Dinge bündelt, manchmal mit Begründungen, zuweilen auch ohne. Mit dem Begriff „Dinge" meint sie auch Situationen. Etwa:

Was das Herz erfreut:
Ein Boot, das flussabwärts fährt
Ein Schluck Wasser, wenn man mitten in der Nacht erwacht

Was vornehm ist:
Schnee auf Pflaumenblüten
Eine weiße Jacke auf hellvioletter Weste
Ein Rosenkranz aus Bergkristall

Was fern ist und doch ganz nah:
Das Paradies
Der Abstand zwischen Mann und Frau

Was sich nicht vergleichen lässt:
Sommer und Winter
Tag und Nacht
Jugend und Alter
Freude und Zorn

Dinge, die vom Himmel fallen
Dinge, die groß sein sollten, aber klein sind
Dinge, die fern sind und doch ganz nah und umgekehrt

Lassen Sie sich von Sei Shonagon inspirieren. Erstellen Sie Listen wie:

- Dinge, die Luxus sind
- Dinge ohne Wert
- Was sanft und zart ist
- Ärgerliche Dinge
- Hübsche Dinge
- Seltene Dinge
- Traurige Dinge
- Dinge, die das Herz schneller schlagen lassen
- Ehrgeizige Dinge
- Dinge, die das Selbstvertrauen stärken

Wenn Sie gerne solche Listen erstellen, dann erfinden Sie neue Überschriften. Sie könnten damit ein ganzes Heft füllen und es, wie Sei Shonagon, unter Ihr Kopfkissen legen.

Zauberworte

Welche Worte gefallen Ihnen vom Klang her besonders gut? Welche tun Ihnen gut? Gibt es besondere Worte, die Sie nur in Ihrer Familie verwendet wurden? Dialektworte von Ihren Großeltern?

Schreiben Sie sie groß und farbig in Ihr Buch und schreiben Sie über jedes Wort einen kurzen Text (siehe Kapitel 2.3.2, „Worte lösen Gedanken aus“, S. 37).

Zitate

Wie Sprichwörter enthalten auch viele Zitate Lebensweisheiten (siehe Kap. 2.3.3, S. 38). Manche sprechen uns an, andere finden wir veraltet.

Sammeln Sie Zitate, die Sie besonders inspirieren, und schreiben Sie Ihre eigenen Gedanken dazu.

Flow

Wenn wir uns im Leben so steuern können, dass wir weder unter- noch überfordert sind, befinden wir uns in einem Flow-Zustand. Die Zeit scheint stillzustehen, der gegenwärtige Moment wird als wesentlich länger erlebt, als er tatsächlich ist.

Kennen Sie diesen Flow-Zustand? Bei welcher Tätigkeit empfinden Sie ihn? – Schreiben Sie darüber.

Dinge, die das Leben schöner machen

Die folgende Schreibsequenz wirkt äußerst belebend. Sie zeigt uns, wie reich unser Leben sein kann.

Schreiben Sie ein kurzes Listengedicht (siehe Kap. 2.3.1, S. 37) zu den Dingen, die Ihr Leben bereichern und schöner machen. Es sollte jedoch nicht allzu lang sein, sonst wird es eine Aufzählung und verliert an Stärke.

Beispiel:

Die Zauberflöte von Mozart
Bequeme Kleider
Kaffee, immer wieder
Prosecco, hin und wieder
Die Bücher von Yoko Ogawa
Yoga am Montag, Tanzen am Mittwoch
Das Rotkelchen im Garten
Der Duft meiner Enkel
Kleine Frivolitäten
Der Sabelflügel, Jahrgang 1934
Die Nähe eines alten Freundes
Papier und Stift und Rosemaries Motivation und Inspiration
(Brigitta Gerig)

Zehn Gebote einer gelassenen Frau / eines gelassenen Mannes

Nicht immer ist es uns möglich, in einer schwierigen Situation die Nerven zu behalten. Ein Weg zu mehr Gelassenheit besteht darin, sich gedanklich vorzubereiten. Das könnte in Form einer Liste von persönlichen Geboten geschehen. Für das Erstellen einer solchen Liste benötigt man etwas Zeit. Überlegen Sie: Was brauchen Sie, damit Ihnen Ihr Leben glückt? Mit Ihrer Lebenserfahrung wird es Ihnen gelingen, nach und nach zehn wichtige Gebote für Ihren Lebensalltag aufzuschreiben.

Welches sind Ihre zehn Gebote?

Beispiel:

1. *Ich fange langsam an, dann komme ich schneller ans Ziel.*
2. *Weniger ist manchmal mehr, denn das Wenige ist übersichtlicher.*
3. *Ich gräme mich nicht über ein paar Runzeln im Gesicht. Sie zieren das Alter.*
4. *Zeit haben ist Luxus. Ich gönne ihn mir.*
5. *Ich sage nicht Ja, wenn ich Nein sagen will.*
6. *Mit jeder Erfahrung gewinne ich an Erkenntnis.*
7. *Ich suche das Glück nicht krampfhaft, weiß ich doch, wo es sich versteckt: hinter der Freude.*
8. *Ich lächle auch dann, wenn es nichts zu lachen gibt. Zumindest versuche ich es.*
9. *Ich packe meine Sorgen in ein Paket, schnüre es zu und schicke es ab. Adresse unbekannt. Nach einiger Zeit kommt es zurück, aber dann bin ich gelassener geworden.*
10. *Es ist mir bewusst, dass ich die obigen neun Gebote nicht immer in die Tat umsetzen kann, aber ich versuche es immer wieder.*

(RMD)

Dialog mit dem Widerspruch – ein Zwiegespräch

Widersprüche gehören zu unserem Leben. Immer wieder stehen wir vor einem Entschluss und sind hin- und hergerissen, wie wir uns entscheiden sollen. Gegensätze ziehen uns an und stoßen uns gleichzeitig ab. Sie bringen Spannung und Dynamik in unser Leben.

Schreiben Sie ein Zwiegespräch eines Gegensatzpaares. Vielleicht gibt es ein aktuelles Beispiel in Ihrem Leben, ein Gegensatz, der Sie gerade sehr beschäftigt? Wenn nicht, greifen Sie auf die folgenden Vorschläge zurück und wählen Sie ein Paar aus dieser Liste:

Schmutz und Reinheit
Liebe und Hass
Faulheit und Fleiß
Langsamkeit und Schnelligkeit
Mut und Angst
Ungeduld und Geduld
Sparsamkeit und Freigiebigkeit

Beispiel:

Leben: Du bist und bleibst ein Spielverderber. Du hältst dich an keine Regel und tauchst auf, wie es dir gerade in den Kram passt.
Tod: Und du! Hör auf mit diesen Vorwürfen. Ohne mich würden die Menschen dich gar nicht schätzen.
Leben: Das siehst du schon sehr einseitig. Es gibt viele Menschen, die ewig leben wollen, ja, die sich sogar einfrieren lassen, um dich zu umgehen.
Tod (lacht): Einfrieren! Wenn die wüssten, dass ich bei jedem Tauwetter leichte Hand habe. So einfach kann man mich nicht an der Nase herumführen.
Leben: Wie auch immer – mich mögen die Menschen, dich nicht!
Tod: Wie naiv du bist, mein kleines Leben. Ich bin Ewigkeit und ein großes Geheimnis. Du wirst in jedem Ratgeber zur Lebenshilfe zerpflückt und offengelegt. Über mich gibt es höchstens einmal eine philosophische Abhandlung!
Leben: Blödsinn – ich habe eine viel größere Kraft, als du dir vorstellen kannst.
Tod: Und ich besiege dich im Endeffekt doch immer.
Leben: Stimmt nicht. Ich erneuere mich immer wieder. Dank meiner Zugehfrau, der Erotik!
Tod: Erotik! – Das ich nicht lache. Die ist oft wie ein kleiner Tod, vor allem für die Männer.
Leben: Weißt du was? Wir hören auf zu streiten und gehen zusammen ein Bier trinken. Auf das flotte Leben!
Tod: Gute Idee! Und anschließend ein üppiger Leichenschmaus mit feinem Rotwein, zum Anstoßen auf den sanften Tod!
Der Vorhang fällt.
(Brigitta Gerig)

Ich muss – ich entscheide mich

Dieser Vorschlag ist ein Experiment, um herauszufinden, wie frei Sie innerlich sind. Erstellen Sie eine Liste mit all den Dingen, die Sie im Leben tun müssen. Schreiben Sie etwa zehn Minuten einen automatischen Text (siehe S. 28) und beginnen Sie mit den Worten: „Ich muss …“ Fahren Sie fort mit all den Aufgaben, die Sie erledigen müssen.

Jetzt wandeln Sie diese Sätze so um, dass Sie folgendermaßen beginnen: „Ich entscheide mich, …“

Welche Ihrer Ich-muss-Sätze können Sie ohne Mühe verändern, welche nicht?

3.3 Alles wirkliche Leben ist Begegnung

„Die einzige Reise, die mich noch interessiert, ist die Seele des Menschen."
(Sokrates)

Wenn Sie Ihr Tagebuch führen, sind Sie allein und genießen hoffentlich die Stunden, in denen Sie sich zurückziehen und sich selbst ein bisschen näherkommen können. Doch wir alle leben in einem Sozial- und viele auch in einem Familiengefüge. Ganz unterschiedlich stark sind wir in einen Familien-, Arbeits- und Freundeskreis integriert. Die einen brauchen von ihrer Persönlichkeit her weniger Menschen in ihrem Umfeld, für andere bedeutet Lebensqualität, viele Freunde und Bekannte zu haben. Wichtig ist, dass wir das richtige Maß der sozialen Kontakte finden und leben können. Denn alles, was ist, existiert in einer Abhängigkeit von etwas anderem. Wir leben in einem Netz von Verbindungen und Verknüpfungen. Wir sind verschieden, aber nicht getrennt voneinander. Deshalb brauchen wir Menschen auf unserer Lebensreise, ein Du, das antwortet. Wir brauchen Resonanz. Wir brauchen Menschen wie die Luft zum Atmen, denn sie sind Nahrung für unsere Seele.

Bei den nachstehenden Tagebuchanregungen geht es um Begegnungen, die – nach Martin Buber – das wirkliche Leben erst ausmachen. Denn Leben bedeutet Beziehung: Uns wird Kraft gegeben und wir geben Kraft weiter. Kraft geben heißt, den anderen etwas weiterreichen, das wir aus uns heraus schenken können. Das kann ein z.B. ermunternder Satz sein. Es ist schön zu spüren, dass wir etwas zu geben haben, und es ist angenehm, etwas Wertvolles zu bekommen. Dieser Akt des Gebens und Empfangens bedeutet Austausch von Energie und Aufmerksamkeit und ist ein grundlegendes Lebensbedürfnis.

Schreibideen zum Thema Begegnungen

Akrostichon

Erstellen Sie ein Akrostichon (siehe S. 34) für jemanden, den Sie gut kennen und den Sie mögen. Was zeichnet diese Person aus? Was wünschen Sie ihr?

Ein Akrostichon ist ein persönliches Geschenk, ein Geburtstagsgeschenk vielleicht, das immer Freude bereitet, auch wenn es im ersten Augenblick Verwunderung auslösen mag, weil es ungewohnt ist.

Sorry Day

Was ist ein „Sorry Day"? Diese Idee stammt ursprünglich aus Australien. Dort wurde ein solcher Tag erstmals am 26. Mai 1998 begangen und der Anlass war die Zwangsadoption von 35.000 Aborigineskindern zwischen 1920 und 1969. Hier entschuldigte sich also ein ganzes Land für ein schweres Vergehen, das an einem Teil der Bevölkerung verübt wurde.

Es geht auch eine Nummer kleiner, die Idee kann vom ganzen Staat auf Organisationen und Betriebe, aber auch auf einzelne Menschen übertragen werden. Natürlich kann man sich fragen, ob das sinnvoll ist, einen speziellen Tag dafür zu etablieren. Warum sich nicht sofort entschuldigen, wenn es etwas zu verzeihen gibt?

Trotzdem ... Heute ist Ihr Sorry Day. Bei wem entschuldigen Sie sich und für was?

Die richtigen Freunde zur richtigen Zeit

Familienangehörige, Freunde, Kollegen, Nachbarn – sie alle füllen Ihr Leben in einem oder in mehreren Bereich/en aus und nehmen jeweils einen wichtigen Platz darin ein.

Wen rufen Sie zum Beispiel an, wenn Sie traurig sind? Mit wem lachen Sie am liebsten? Schreiben Sie ein paar wenige Sätze zu einzelnen Personen auf, die für bestimmte Gelegenheiten ideal sind.

Beispiel:

Möchte ich ein bisschen shoppen, unterwegs einen Kaffee trinken, plaudern und durch die Gassen schlendern, dann ist Petra die richtige Frau. Mit ihr kann ich meinen unsteten Geist ein paar Stunden ausschalten.

Die Begeisterung über das neue Buch, das ich gerade fertig gelesen habe, werde ich mit Silke teilen. Sie wird sich darüber freuen und es wahrscheinlich auch lesen wollen. Gerold ist der richtige Mann, um Pferde zu stehlen. Er ist unkompliziert, neugierig und in jeder Situation gelassen. Mit ihm könnte ich um die Welt reisen.

Um sich über Beziehungsknatsch auszutauschen und eine männliche Perspektive hinzuzunehmen, dazu eignet sich Bert am besten. Seine Sichtweise regt mich immer wieder an, die Dinge etwas anders zu sehen.

(RMD)

Wer sind Ihre Vorbilder?

Vorbilder sind oft Menschen, die älter sind als wir. Es sind Menschen, die uns wegen bestimmter Stärken imponieren oder imponiert haben. Wir beobachteten, wie sie Herausforderungen angehen. Wir bewundern ihre Tapferkeit, ihren Humor, ihr Mitgefühl, ihre Fairness, Ausdauer und Weisheit.

Versuchen Sie, Ihnen nahestehende Menschen so zu charakterisieren, indem Sie ihnen eine Vorbildfunktion geben.

Menschen, die mir in meinem Leben wichtig sind

Schließen Sie die Augen und entspannen Sie sich. Denken Sie an jemanden, der Ihnen nahesteht. Schreiben Sie ein Drei-Zeilen-Gedicht oder ein Elfchen, in welchem Sie eine Eigenart dieses Menschen zu erfassen versuchen (siehe S. 32 f.).

Chantal
C'est l'amour qui fait la vie.
Nichts anderes ist so wichtig.
Ich glaube dir.
(RMD)

Simona
Auf dem Hocker brennen Kerzen,
es gibt Nüsse und Wein.
Für uns – wenn ich dich abends besuche.
(RMD)

Porträt eines geliebten Menschen

Variante 1: Bei einer ganz einfachen Porträtübung kann Ihnen eine Fotografie helfen, einem geliebten Menschen näherzukommen. Betrachten Sie sie und schreiben Sie dann ein paar Stichworte auf, die Ihnen spontan einfallen. Es geht nicht darum, dass Sie die Geschichte dieses Menschen lückenlos aufschreiben, sondern dass Sie ein Erlebnis von ihm herauspicken, eines, das ihn in seiner Persönlichkeit zeigt.

Variante 2: Eine anspruchsvollere Schreibform ist ein schriftliches Porträt. Das Leben eines Menschen ist vielschichtig. Jeder von uns hat komplexe Motive und widersprüchliche Wünsche. Wir leiden, lieben, haben ungelöste seelische Probleme. Wählen Sie eine Person aus und versuchen Sie, sie dreidimensional zu beschreiben. Die folgenden Fragen können Ihnen dabei behilflich sein:

- Wie sieht sie aus?
- In welchem Milieu lebt sie?
- Was hat sie für weltanschauliche Ansichten?
- Welche Charakterstärken und -schwächen hat sie?
- Was zeichnet sie besonders aus?
- Was im Leben ist ihr wichtig?
- Welche Visionen, Freuden, Probleme, Hoffnungen, Erfolge und Zweifel hat sie?
- Welche Handlungen / Taten lassen sich beobachten?

Heben Sie ein oder zwei Besonderheiten dieses Menschen heraus.

Ein Kind beim Aufwachsen schreibend begleiten

Wie entwickelt sich Ihr Kind bzw. Ihr Enkel? Notieren Sie lustige und traurige Begebenheiten sowie Anekdoten aus seinem Leben. Vielleicht haben Sie Lust, ein eigenes Buch zu gestalten, das Sie Ihrem Kind oder Ihrem Enkel eines Tages schenken möchten.

Einen nahestehenden Menschen schreibend begleiten

Ihr Vater ist dement; Ihre Partnerin hat Krebs; Ihr bester Freund liegt im Sterben. Fokussieren Sie Ihr Schreiben auf diese Zeitspanne und schreiben Sie Ihre Beobachtungen und Erlebnisse über diese schwierige Zeit auf.

Ein sehr schönes und starkes Ritual ist das gemeinsame Schreiben in einer schwierigen Zeit (siehe Kap. 3.12, S. 110 und Kap. 3.14, S. 119). Der Zurückgebliebene hat so nach dem Tod der nahestehenden Person ein tröstliches und heilsames Andenken.

Problemlösung 1: Ein nicht abgesandter Brief an einen Freund (Partner)

Ein nicht abgesandter Brief verletzt nicht, aber er kann eine gute Vorbereitung auf ein Gespräch sein. Sie können Ihre (negativen) Gefühle wie Wut, Hass, Angst und Trauer aufs Papier bannen. Sie dürfen anklagen, fluchen, toben und Sie brauchen sich nicht um Objektivität zu bemühen. Auch empathisch müssen Sie nicht sein. Lassen Sie Ihren Gefühlen freien Lauf.

Legen Sie den Brief zwei, drei Tage beiseite, lesen Sie ihn dann nochmals durch und versuchen Sie, diesmal mit einem klareren Kopf, das Problem auf das Wesentliche einzukreisen. Formulieren Sie den Brief nochmals, ohne anklagend zu sein. Das ist eine gute Voraussetzung für ein anschließendes Gespräch.

Problemlösung 2: Schriftlicher Dialog mit einem Freund (Partner)

Sie beschäftigen sich mit einer Frage, einem Problem und wissen nicht, wie Ihr Partner / Ihre Partnerin darauf reagieren wird. Führen Sie deshalb einen schriftlichen Dialog. Seien Sie kreativ, offen und fantasievoll für das, was Ihnen einfällt, und lassen Sie zu, dass Ihr Gegenüber Ihnen auch Fragen stellt.

Setzen den Dialog fort, bis Sie eine Lösung gefunden haben oder wenigstens ein Stück weitergekommen sind. Papier schluckt alles.

Brief an eine berühmte Person

Eine der ältesten literarischen Gattungen ist der Brief. Haben Sie ein Vorbild? Dann schreiben Sie ihm einen Brief. Das Vorbild, die Kultfigur, der Star, der Schwarm kann noch leben oder schon gestorben sein. Das spielt keine Rolle. Der Brief bleibt im Tagebuch.

Vielleicht entdecken Sie später beim Durchlesen einen Gedanken, der auch zu Ihnen passt?

Brief an ein noch ungeborenes Kind

Variante 1: Das Kind, dem Sie schreiben, ist ein Kind der Zukunft. Kein bestimmtes Kind, einfach eines, das noch nicht auf der Welt ist. Was möchten Sie ihm mitteilen? Was sollte dieses Kind über Ihr Leben hier und jetzt erfahren? Wie stellen Sie sich das Leben dieses Kindes vor, das in 10, 50 oder 100 Jahren geboren wird?

Variante 2: Vielleicht erwarten Sie selbst ein Kind, werden Großeltern oder übernehmen die Patenschaft für ein Kind. Was wünschen Sie diesem Kind? Was möchten Sie ihm geben? Auf was soll es achten? Auf was kann es sich freuen?

Sie können diesen Brief für sich verwahren. Sie können sich aber auch entscheiden, ihn später dem dann erwachsenen Kind zu übergeben. Das könnte eines der ganz seltenen kostbaren Geschenke sein, die unbezahlbar sind.

3.4 Im Fluss meines Lebens – Träume und Fantasien

„Nenne dich nicht arm, weil deine Träume nicht in Erfüllung gegangen sind; wirklich arm ist nur, der nie geträumt hat."
(Marie von Ebner-Eschenbach)

Wenn unser Alltagsleben uns auffrisst, wenn wir uns keine Zeit nehmen, den schillernden Seifenblasen nachzuschauen und zu träumen oder die Wolken am Himmel zu beobachten, wie sie über uns vorbeiziehen, fehlt uns etwas Wesentliches im Leben: absichtsloses Tun, das glücklich macht.

Träume müssen nicht jeder realen Grundlage entbehren. Träumen wir, dehnen wir die Wirklichkeit über die Grenze des Heute aus. Im Traum kann unsere Seele regenerieren und gesunden. Wir fixieren mit unseren Augen dann nicht ständig nur den Boden, sondern heben unseren Blick und sehen plötzlich einen doppelten Regenbogen über uns. Wenn wir träumen und hoffen, heißt das nicht, dass wir das reale Leben außer Acht lassen, sondern wir schmücken unser Alltagsleben mit wunderbaren vergänglichen Augenblicken.

Die Sehnsucht hilft uns, vorwärtszukommen, Grenzen zu überspringen. Sehnsucht ist ein Teil unseres Lebens und ist nur dann hinderlich, wenn wir ihr alleinigen Raum lassen.

Sehnsucht und Träume gehören zusammen. Sie machen unser Leben bunter und reicher. Beides hat etwas mit Weite und Freiheit zu tun. Gemeint ist jedoch nicht, dass wir uns Illusionen machen sollen. Sich Illusionen hinzugeben ist gefährlich, weil wir uns etwas vormachen bzw. etwas nicht wahrhaben wollen, was wir sehen, begreifen und in Angriff nehmen sollten.

Wagen wir, unsere Sehnsüchte einzugestehen, wagen wir zu träumen, zu hoffen, im Wissen, den Boden unter den Füßen trotzdem nicht zu verlieren. Träume, Wünsche und Ziele sind eng miteinander verknüpft. Schreiben wir sie auf.

Schreibideen zu Träumen und Fantasien

Ein Tag im Paradies

Beschreiben Sie einen Tag im Paradies. Wie sieht es dort aus? Wie verbringen Sie Ihre Zeit? Wer ist bei Ihnen? Was brauchen Sie, um sich wohlzufühlen?

Nach dem Schreiben: Können Sie etwas von dem, was Ihnen einfällt, in Ihrem Alltag verwirklichen?

Wunschzettel an das Christkind

Haben Sie als Kind dem Christkind einen Wunschzettel geschrieben? Werden Sie in der nächsten halben Stunde wieder Kind und schreiben Sie ihm einen Brief, egal, ob es mitten im Sommer ist. Trauen Sie sich auch an unrealistische Wünsche heran. Wünschen Sie sich materielle und immaterielle Dinge und dekorieren Sie Ihren Wunschzettel farbig.

Dazu eignet sich das serielle Schreiben gut (siehe S. 71). Beginnen sie jeden Satz mit: Ich wünsche mir, …

Ist ein Wunsch darunter, den Sie realisieren wollen und können?

Wie wäre es, wenn?

Manchmal sehnen wir uns nach einer anderen Welt. Weniger Leid, weniger Krankheiten, weniger Konflikte am Arbeitsplatz oder unter Freunden, intaktere Familien, Arbeit für alle …

Machen Sie aus unserer unvollkommenen Welt die beste aller Welten. Beschreiben Sie, wie diese Welt aussehen soll. Was würden Sie verändern? Wie stellen Sie sich das Leben der Menschen vor? Welchen Sinn hat die Existenz der Lebewesen? Gäbe es in Ihrer Welt noch eine Religion? Wenn ja, was beinhaltete sie? Wie würden Sie die Bildung verändern? Gäbe es noch ein Familienleben in der heutigen Form? Wie gestalteten sich die Beziehungen zu anderen Menschen?

Dieser „Wie-wäre-es-wenn"-Text darf ruhig überzeichnet sein. Fragen Sie sich erst am Schluss, was realistisch ist und veränderbar wäre.

Wenn ich mein Leben noch einmal leben könnte

„Wenn ich mein Leben noch einmal leben könnte, im nächsten Leben,
würde ich versuchen, mehr Fehler
zu machen. Ich würde nicht mehr so perfekt
sein wollen, ich würde mich mehr
entspannen …", schreibt der argentinische Schriftsteller Jorge Luis Borges (1899–1987) in seinem berühmten Gedicht.

Wenn Sie noch einmal geboren würden, wie gestalten Sie dann Ihr Leben? Würden Sie alles so machen wie bisher? Würden Sie sich auch in kleinen Dingen gleich verhalten? Fantasieren Sie und versuchen Sie zu beschreiben, was Sie ändern wollten.

Schöpferischer Augenblick

Sie befinden sich im Liegestuhl oder liegen auf einer Blumenwiese und schauen in den Himmel. Versuchen Sie, den Alltag loszulassen. Beobachten Sie die Wolken am Himmel oder einen Käfer, wie er über die Gräser klettert. Was fühlen Sie in einem solchen Augenblick? Schreiben Sie ein kurzes freies Gedicht und halten Sie so diesen schöpferischen Moment fest.

Einmal möchte ich ...

Einmal
wieder Kind sein unter Kindern
und unbeschwert
das Leben spielen
(Helga Starkevic)

Dieses kurze Gedicht von Helga Starkevic weckt Sehnsucht. Beginnen Sie einen kurzen automatischen Text (siehe S. 28) mit dem Wort „einmal". In einem zweiten Schritt verdichten Sie Ihren Text zu einem kurzen Gedicht. Streichen Sie jedes unnötige Wort, denn je kürzer das Gedicht ist, desto stärker wirkt es.

Tagebuchnotiz aus dem Jahr ...

Stellen Sie sich vor, dass Sie – je nachdem, wie alt Sie jetzt sind – zehn, zwanzig oder dreißig Jahre älter sind. Es ist der Silvesterabend 20XX und Sie haben Zeit, Bilanz zu ziehen. Wie stellen Sie sich Ihr Leben in der Zukunft vor? Vergessen Sie nicht: Sie träumen. Realität und Traum treffen sich lange nicht immer.

3.5 Erinnerungen

Erinnerungen

Immer wieder frage ich mich:
Was sind Erinnerungen?
Optische Täuschungen?
Kleine Flugkörper?
Wie Schwalben
oder
Wie Schneeflocken?
Ein Klopfen
an der Seelentüre?
Ein Streicheln
von Katzenpfoten?
Das Rätsel
von Distanz und Nähe?

(John Odermatt)

Erzählungen aus der Vergangenheit sind keine Sammlungen von objektiven Tatsachen. Es sind immer emotional gefärbte Berichte über unser Leben. Wir erzählen diese Geschichten wie eine Sage, die uns ausdrücken will, wie wir leben, was wir schätzen. Das Ziel autobiografischen Schreibens ist somit nicht die objektive Beschreibung von Ereignissen, sondern die subjektive. Wir versuchen, unsere innere Entwicklung zu erkennen und den persönlichen Ereignissen unseres Lebens einen Sinn zu geben.

Wir erinnern uns nicht chronologisch und lückenlos. Der selektive Charakter unseres Gedächtnisses hat aber Vorteile. Dinge, die allzu verletzend für unser Selbstwertgefühl sind, können wir verdrängen, unterdrücken oder gar vergessen und stattdessen ein positives Bild von uns selbst und der Welt zeichnen. Manchmal erinnern wir uns jedoch noch gut an die Schwierigkeiten und Verletzungen, die wir erlebt haben. In diesem Fall können wir lernen, tragische und pessimistische Geschichten so zu erzählen und aufzuschreiben, dass wir erkennen, wie es dazu kam, warum wir nicht anders handeln konnten und wie wir es geschafft haben, trotz dieser Schwierigkeiten zu überleben. Wir tauchen dann aus der Vergangenheit in die Gegenwart auf und schaffen es, die Erkenntnis aus diesen dunklen Erinnerungen und den Lernprozess schriftlich festzuhalten.

Unsere Erinnerungen sind nicht in Stein gemeißelt. Sie können uns zwar bis ins hohe Alter begleiten, aber unser Gedächtnis baut sie immer wieder um. Im Lauf der Zeit kommen neue Erinnerungen dazu. Die neuen Eindrücke können die schon bestehenden verzerren oder gar ausmerzen. Oder die bestehenden Eindrücke können die neuen Eindrücke beeinflussen. So kann es zu schwammigen oder „falschen" Erinnerungen kommen, die wir aber nicht mit bewussten Lügen verwechseln sollten. Es handelt sich dann nicht um eine genaue Wiedergabe, sondern um konstruierte Erinnerungen. Deshalb sind Erinnerungen immer subjektiv. Für den aber, der sich erinnert, sind sie wahr. Sie gehören zu ihm und machen sein Leben lebenswert. Erinnerungen lassen uns nicht kalt.

Allerdings haben wir zu bedeutsamen und einmaligen Erinnerungen so etwas wie ein fotografisches Gedächtnis. Die Geburt unseres ersten Kindes zum Beispiel, ein Verkehrsunfall, die Nachricht über den Tod eines uns nahestehenden Menschen. All das sind Ereignisse, die sich als starke Bilder in unserem Gedächtnis eingeprägt haben. Solche Blitzlichterinnerungen zeichnen sich durch ihren Reichtum an visuellen Details aus. Man kann sie nicht einfach so vergessen.

Wie entstehen Erinnerungen? Chronologisch sind sie nicht, sie springen im Zeitraum hin und her. Sie sind eigenwillig. Brauchen wir unsere Sinne, dann kitzeln wir sie schnell in unser Bewusstsein. Das kann vielleicht der Duft eines Sonntagbratens sein, den wir beim Vorbeigehen aus dem geöffneten Fenster unseres Nachbarn riechen. Sofort erinnern wir uns an unsere Sonntagsfamilienessen in der Kinderzeit. Oder wir beißen in einen Apfel und erinnern uns an die Pausen in der Schulzeit. Wir erinnern uns aber vor allem an das, was uns berührt hat, was wir sprachlich erfasst und reflektiert haben. Und diese Vorstellungskraft geht auch im Alter nicht verloren, es sei denn, jemand ist an Demenz erkrankt.

Wir schreiben immer im Rückblick auf unser Leben. Erinnern wir uns an einzelne Begebenheiten, entstehen vielleicht thematische Zusammenhänge, und wir entdecken den Sinn dieser Erlebnisse. Wenn es uns gelingt, mittels einzelner Geschichten Linien der Kontinuität in unserem Leben zu finden, können wir leichter die großen Fragen beantworten: Wer bin ich? Welche Aufgaben habe ich im Leben. Die alten Geschichten der Machtlosigkeit können wir dann ersetzen durch Geschichten der Entwicklung.

Erinnerungen geben uns Halt und ein Gefühl von Identität, denn um zu wissen, wer wir heute sind, ist es wichtig zu wissen, wer wir waren. Die Erinnerung macht uns zu der Person, die wir sind. Sie gibt uns Tiefe. Welche einzigartigen und unverwechselbaren Dinge habe wir erlebt? Jean Paul schrieb: „Die Erinnerung ist das einzige Paradies, aus welchem wir nicht getrieben werden können." Sich erinnern zu können ist also eine Kraft und eine Ressource. Sie machen unser Leben reich. Dabei ist es wichtig, bestimmte Ereignisse nicht mit dem heutigen Blick zu beurteilen, sondern uns in die damalige Zeit mit den entsprechenden Lebensumständen zu versetzen. Dies hilft, unser damaliges Handeln besser zu verstehen und zu akzeptieren. Viele Menschen sind ungerecht mit sich selbst, zu streng, indem sie stets auf das Negative zielen. Wenn wir aber das Hauptmerkmal auf das Gelungene richten, fühlen wir uns gut. Für unser Lebensgefühl ist es somit entscheidend, welche Erinnerungen wir wachhalten – und wie wir das tun.

„*Wenn ein alter Mensch stirbt, geht eine Bibliothek verloren.*" (Afrikanisches Sprichwort) Füllen wir unsere ganz persönliche Bibliothek.

Tipps

Sie können folgendermaßen vorgehen:

- Sie schreiben einzelne Erinnerungen in der Vergangenheit. Das ist die klassische Form des autobiografischen Schreibens. Diese Schreibweise bewirkt eine Distanz zum damaligen Geschehen.
- Sie brauchen noch mehr Distanz zum Geschehen? Dann geben Sie sich einen anderen Namen und schreiben in der dritten Person.
- Sie schreiben Ihre Erinnerungen in der Gegenwart. Diese Art des Schreibens weckt Unmittelbarkeit. Die Vergangenheit ist dann näher bei der Gegenwart.
- Selbstverständlich können Sie von der Vergangenheit in die Gegenwart wechseln oder umgekehrt. „Damals war es so – heute erlebe ich die gleiche Situation so …"
- Der Wechsel in die Gegenwart kann sehr anregend sein. Die Frage könnte dann lauten: Wie hat die Erinnerung mein heutiges Leben geprägt?

Schreibideen zu Erinnerungen

Erinnerungssätze – serielles Schreiben

Um nebulöse Erinnerungen zu verdeutlichen, ereignet sich das serielle Schreiben sehr gut. Beginnen Sie immer mit dem gleichen Satzanfang: „Ich erinnere mich, …", wie es der amerikanische Künstler Joe Brainard (1942–1994) in seinem 205-seitigen Buch tat. Es enthält unsortierte in Raum und Zeit hin- und herspringende Gedanken, Banales und Vielschichtiges, verpackt in einem einzigen Satz. Das folgende Beispiel ist von Barbara Ertl.

Ich erinnere mich
Ich erinnere mich, wie ich zum ersten Mal meine neugeborene Schwester sah. Sie fing laut an zu weinen. (HC)
Ich erinnere mich, dass ich in den Ferien nach Bullerbü reisen wollte. (HC)
Ich erinnere mich an gezuckertes Butterbrot. (Barbara Ertl)

Ich erinnere mich an meinen Großvater, der auf einem Bauernhof lebte und sein Maisbrot in seine Buttermilch tunkte. (Barbara Ertl)
Ich erinnere mich, dass ich mir vorstellte, ich würde sterben, und wie traurig dann alle wären. (Barbara Ertl)

Ich erinnere mich
an meinen Klassenlehrer, der uns in der Freizeit sein Bienenvolk näherbrachte,
an die Schlittenfahrten im Winter mit meinen Eltern,
an die Sommerferien, die wir Kinder in einem Ferienlager verbrachten, wo die Eltern uns nur einmal besuchen durften und wir vor Heimweh fast gestorben sind,
wie wir Schüler im Sommer den Bauern bei der Kartoffelernte und beim Auflesen der Käfer helfen mussten. Wir füllten sie in Flaschen ab,
dass die Schule an manchen bitterkalten Wintertagen mit zu viel Schnee ausfiel
und die Fenster mit dicken Eisblumen so gefroren waren, dass wir nicht auf die Straße sehen konnten,
an die wunderschöne Puppenstube, die Vater und Mutter gemeinsam gebastelt haben und uns zu Weihnachten schenkten.

Schreiben Sie einen seriellen Text nach dem Muster von Barbara Ertl. Wenn Sie mögen, wählen Sie anschließend eine Erinnerung aus und schreiben dann einen längeren Text, ausgehend von der gewählten Erinnerung.

Im unten stehenden Beispiel ist der serielle Teil am Schluss des Satzes. Das Leben eines Menschen wird hier chronologisch zusammengefasst. Auch da könnte jeder Satz zu einer Geschichte ausgeweitet werden.

Die bin ich …
Das kleine Mädchen neben seinem Zwillingsbruder, das auf dem Foto weint, während er ruhig schläft, die bin ich.
Das kleine Mädchen, das von der Schaukel fällt und erschrocken zu seiner Mutter rennt, um Trost zu holen, die bin ich.
Die Schülerin, die verstohlen auf das Resultat des Nachbarn schielt, weil sie zu nervös ist, um denken zu können, die bin ich.
Die Teenagerin, die selig verliebt in der Straßenbahn sitzt und vergisst, auszusteigen, die bin ich.
Die junge Frau, die auf dem Schiff nach England erstaunt feststellt, dass sie die Sprache der Mitreisenden nicht mehr versteht, die bin ich.
Die Mutter, die ihren zwei Kindern beim Spielen zuschaut und spürt, wie sie langsam selbstständig werden, die bin ich.
Die Ehefrau, die einen Wiedereinstieg ins Berufsleben schaffen will, die bin ich.
Die Frau, die im Spiegel ihre weißen Haare und Falten betrachtet und weiß, dass sich ihre Seele noch jung anfühlt, die bin ich.

Die Frau, die auf dem Heimweg ist, die bin ich.
(Anonym)

Erinnerung in Form eines Vergleichs oder einer Metapher

Was ist für Sie eine Erinnerung? Zählen Sie sie diesmal nicht auf. Suchen Sie stattdessen eine Metapher, ein Sinnbild oder einen Vergleich für den Begriff „Erinnerung". Eine Metapher ist eine Übertragung. Sie überträgt die Bedeutung eines Wortes auf die eines anderen. Als Beispiel können Sie sich das Gedicht von John Odermatt auf Seite 69 anschauen.

Erinnerungen sind wie …
Erinnerungen sind …

Die Geschichte meines Namens

- Wie gefällt Ihnen Ihr Name?
- Wie werden Sie von Ihrer Familie und von Freunden angesprochen?
- Kennen Sie die Geschichte Ihres Namens, zum Beispiel wer Ihren Namen ausgewählt hat?
- Haben Sie im Laufe Ihres Lebens den Namen verändert oder gewechselt?
- Sind Sie stolz auf Ihren Namen? Wie klingt er in Ihren Ohren? An was oder wen erinnert er Sie?

Schreiben Sie die Geschichte Ihres Namens auf. Die Fragen sind als Inspiration gedacht und müssen nicht beantwortet werden.

Orte, die Ihnen in Ihrem Leben wichtig waren und/oder heute noch sind

Damit sind Wohlfühlorte gemeint, Orte, wo Sie ganz Sie selbst sein konnten; wo Sie bereits als Kind und später als Erwachsene*r zur Ruhe kamen; wo Sie eine Landschaft vorfanden, die Sie nicht vergaßen; wo Sie sich geborgen fühlten. Das können auch unscheinbare Orte sein, die aber trotzdem in Ihrem Gedächtnis haften geblieben sind. Zum Beispiel der Dachboden bei den Großeltern, ein Baum, auf dessen Äste Sie als Kind saßen, eine bestimmte Bank mit einem schönen Blick. Für einen Gärtner war z.B. nach getaner Arbeit die Badewanne ein wichtiger Ort.

Erstellen Sie ein ABC-Darium (siehe S. 35). Wählen Sie Orte, bei denen Sie sich wohlfühlten.

Der Einstieg über ein ABC-Darium ist hier ideal, weil Sie so viele verschiedene Möglichkeiten haben, die verschiedensten Orte in Ihrem Leben wieder aufleben zu lassen. Wählen Sie anschließend den ganz speziellen Ort, bei dem Sie spüren, dass er mit Gefühlen und Erlebnissen verbunden ist und vielleicht sogar ein Geheimnis in sich trägt. Beschreiben Sie ausführlich diesen Ort.

Ein Ort der Kindheit

Stellen Sie sich einen bestimmten Ort aus Ihrer Kindheit vor und schreiben Sie ein freies Gedicht. Das kleine Wort „wo" verleiht dem Gedicht einen bestimmten Rhythmus.

Der Ort
Wo ich auf die Teppichstange kletterte
und die Füße baumeln ließ
Wo ich vom Balkon runterschaute
nach Kindern, die Ball spielten
Wo ich mit einem Plastikhalm Seifenkugeln blies
und ihnen nachschaute, bis sie zerplatzten
Wo ich auf dem Bett den Kopfstand übte
und im Bett auf Reisen ging
nachts vor dem Einschlafen
und es missbrauchte als Trampolin
Wo die Puppen zuschauten
mich nicht auslachten
sich an- und ausziehen ließen
Wo ich abends zum Fenster rausschaute
über mir die Flugzeuge am Horizont
in der Ferne die roten Lichter am Flughafen
die stetig blinkten
Einst, wenn ich groß bin
werde ich mitfliegen
bis ans Ende der Welt
(RMD)

Gegenstände und Ihre Geschichte

Jeder Gegenstand, den Sie bei einem Umzug mitnehmen, weil er Ihnen ans Herz gewachsen ist, hat eine Geschichte. Wenn Sie mögen, fotografieren Sie einen solchen Gegenstand und kleben das Foto in Ihr Buch.

Was verbinden Sie mit diesem Gegenstand? Welche Geschichte hat er?

Familiengeschichten

Familiengeschichten zu erinnern ist eine gute Möglichkeit, Menschen und äußere Umstände vor dem Vergessen zu bewahren. Wir erinnern uns an frühere Generationen, die einmal wichtig waren. Familiengeschichten haben ein Lokalkolorit. Sie tragen also eine Eigenheit, einen gesellschaftlichen Zusammenhang und eine Atmosphäre der Zeit in sich, zu der wir die Geschichte erlebten. Es geht somit nicht um eine Familienchronik (Aufzählung), sondern um einzelne Geschichten aus dem Leben Ihrer Familie. Dazu einige anregende Fragen:

- Wie wurden in Ihrer Familie Geburtstage, Weihnachten, Schulfeste etc. gepflegt?
- Gab es verschiedene Familienrituale (Lieder, Mahlzeiten, Verwandtenbesuche, Spaziergänge)?
- Welche Feste spielten in der Region Ihres Wohnorts eine wichtige Rolle?
- Gab es in Ihrer Familie geflügelte Worte, ein Lebensmotto, Ermahnungen?
- Wie war die gesellschaftliche Stellung im Umgang miteinander?
- Was haben Ihre Großeltern von früher erzählt? Was haben Sie von Ihnen gelernt?
- Welche Werte waren in Ihrer Familie wichtig?
- Welche Geschichten aus ihrem Leben haben Ihre Eltern erzählt?

Erste Erfahrungen

Je erfolgreicher wir sind, desto mehr erinnern wir uns an die guten Dinge im Leben. Wir haben auch die Fähigkeit, ungünstige Erinnerungen, schmerzliche Erfahrungen und Niederlagen zu vergessen oder zumindest abzuschwächen und umzudeuten. Besonders gut aber können wir uns erinnern, wenn wir etwas zum ersten Mal erfahren. Unser Gedächtnis liebt ganz offensichtlich das Neue.

Beispiele:

- das erste Mal ohne Schwimmhilfe schwimmen
- der erste Schultag
- das erste Mal verliebt sein

- der erste Kuss
- die ersten Ferien im Ausland
- die erste Stelle, der erste Lohn
- das erste Mal das Meer gesehen

Was für Erfahrungen haben Sie gemacht?

Wendepunkte im Leben

Wendepunkte sind Ereignisse, Erfahrungen in unserem Leben, die die Richtung oder die Stärke unseres Lebensstromes beeinflussen. Wendepunkte sind Schlüsselentscheidungen, die unser Leben so gestalten, dass es ohne sie nicht dasselbe Leben wäre.

Wendepunkte sind aber auch Ereignisse – kleinere oder größere Schritte –, die die Würze unseres Lebens ausmachen. Es sind Aha-Erlebnisse, die uns verändern. Es sind Ankerpunkte.

Einschneidende Ereignisse können zu Wendepunkten werden, zum Beispiel:

- ein Wohnortwechsel
- der Eintritt in die Schule, Schulwechsel
- die Berufswahl, Berufswechsel
- Liebe, Heirat, Trennung
- die Geburt eines Kindes
- Krankheit, Genesung, Tod eines nahestehenden Menschen

Wendepunkte können aber auch in einem unspektakulären Geschehen verborgen sein und die gleiche verändernde Wirkung entfalten:

- beim Lesen eines bestimmten Buchs
- beim Erlernen eines Musikinstruments
- der Beginn eine Freundschaft
- die Entdeckung eines Hobbys
- eine schöpferische Tätigkeit
- eine innere oder äußere Reise
- die Entdeckung einer anderen Kultur
- ein Haustier

Fotos lösen Erinnerungen aus

Fotos lösen immer Erinnerungen aus. Blättern Sie ein Fotoalbum durch und sie werden zuhauf auftauchen.

Suchen Sie für jedes Jahrzehnt Ihres Lebens ein Bild. Betrachten Sie es und lassen die Erinnerungen auf Sie zukommen. Was Ihnen als Erstes einfällt, notieren Sie. Was freute, ängstigte Sie damals? Wer war wichtig in Ihrem Leben? Was liebten Sie?

Selbstverständlich eignen sich auch Familienfotos. Betrachten Sie ein Familienbild und lassen Sie sich inspirieren. Was für eine Erzählung fällt Ihnen ein?

3.6 Schreiben in stillen Stunden – Spiritualität und Lebensphilosophie

„Wir haben die Wahrheit gesucht ... Wir haben sie nicht gefunden. Morgen sprechen wir weiter.“
(Sokrates)

„Spirituell“ leitet sich vom lateinischen *spiritus* ab und lässt sich ins Deutsche übersetzen mit: Seele, Geist, Lebensatem. Beim spirituellen Weg handelt es sich um einen seelisch-geistigen Weg, den wir beschreiten. Es ist der innere Weg, der nicht immer ganz einfach zu meistern ist, der über die Bewältigung unserer individuellen Alltagserfahrungen hinausgeht; ein Bedürfnis des Erkennens nach einem tief sitzenden Sinn, Dingen eine Bedeutung zu geben. Sinnfragen drängen sich fast automatisch auf.

Nach Spiritualität sehnen sich die meisten Menschen irgendwann im Lauf ihres Lebens, auch wenn sie sich darüber nicht unmittelbar im Klaren sind. Spiritualität, das ist die Quelle inneren Wissens, die die Geheimnisse des Daseins kennt; zugleich der tiefen Geborgenheit, die uns immer wieder Kraft gibt. Wir brauchen nicht religiös zu sein, um unsere spirituellen Bedürfnisse zu befriedigen. Vernachlässigen wir diesen Bereich, fehlen uns innere Gelassenheit und Frieden, die allein unserem Leben Ganzheitlichkeit verleihen. So gesehen ist Spiritualität die Fähigkeit, mit der wir uns vor Sinnlosigkeit schützen können.

Die Schreibanregungen in diesem Kapitel haben alle auf ihre Weise mit dieser Suche nach Gelassenheit und Frieden zu tun, nach dem göttlichen Wesen in und um uns. Sie können als Einstimmung dienen, um ruhig zu werden, das innere Wissen in uns selbst zu entdecken und es schöpferisch umzusetzen.

Schreibideen zu Spiritualität und Lebensphilosophie

Spiritualität

Sinnhaftigkeit ist etwas Individuelles und Subjektives. Welche Spiritualität, welche Auffassung vom Sinn des Lebens haben Sie? Wagen Sie sich schreibend an dieses große Thema. Umkreisen Sie es, bis Sie zum Kern gelangen. Machen Sie diesen Kern in Ihrem Buch sichtbar.

Meine Kraftquellen

Nur weniges im Leben ist wirklich sicher. Was sind für Sie Gedanken und Worte, die Ihnen Stabilität schenken? Was dient Ihnen als Kraftquelle und was tun Sie, damit diese Quelle sprudelt?

Nehmen Sie sich Zeit und erstellen Sie ein ABC-Darium (siehe S. 35) zum Thema: „Ich und meine Kraftquellen". Schreiben Sie anschließend einen Text über die Kraftquelle, die in Ihrem ABC-Darium am wichtigsten ist.

Ruhig werden

Was hindert Sie daran, ruhig zu werden? Schreiben Sie einen Dialog (siehe S. 58) mit der Hektik.

Sehnsucht

Rainer Maria Rilke schreibt: *„Nicht die sind also zu bedauern, deren Sehnsüchte nicht in Erfüllung gehen, sondern diejenigen, die keine mehr haben."* Im Wort Sehnsucht schwingen Leben, Weite und Romantik mit; Suchen nach einem tiefen Leben, nach Gott; Verbundenheit. Die Sehnsucht, in die Ferne zu reisen, Freiheit zu genießen, zu forschen und zu entdecken, dem Wunder zu begegnen. Sehnsucht nach dem Umfassenden, Vollkommenen, nach tiefer Partner- und Freundschaft.

Wer hat sie nicht – die Sehnsucht? Sie zeigt sich oft als unbewusste schlafende Macht im Menschen, die immer wieder neu entdeckt und aufgeweckt werden will.

Beispiele:

Sehnsucht nach der guten alten Zeit
Sehnsucht nach Freiheit
Sehnsucht nach Wärme und Geborgenheit, nach Zärtlichkeit und Berührung
Sehnsucht nach Liebe, nach Nähe
Sehnsucht nach Sorglosigkeit und Leichtigkeit
Sehnsucht nach Kindern, nach Enkeln
Sehnsucht nach Gesundheit und Heilung
Sehnsucht nach Ruhe, Entspannung, Gelassenheit
Sehnsucht nach Stabilität und Sicherheit
Sehnsucht nach Versöhnung
Sehnsucht nach Hingabe
Sehnsucht nach Kreativität
Sehnsucht nach Glück, Wohlergehen, Wohlstand
Sehnsucht nach der Natur, nach einer heilen Welt
Sehnsucht nach der Ferne, nach Reisen, nach Abenteuer
Sehnsucht nach der Heimat
Sehnsucht nach dem Göttlichen

Ergänzen Sie diese Liste um weitere Gesichtspunkte und wählen Sie dann die Sehnsucht aus, die Sie im Augenblick am deutlichsten spüren. Welche Art der Sehnsucht kommt ins Schwingen? Welche inneren Bilder tauchen auf? Empfinden Sie beides: den Schmerz und die Beglückung?

Sie kann in unserer Lebenszeit nie endgültig zur Ruhe kommen – das ist das Wesen der Sehnsucht. Doch gerade deshalb bleiben wir lebendig.

Schreiben Sie einen Text über Ihre Wahl. Beschreiben Sie, was Sie gerade empfinden, was Sie sich wünschen und welche Idee Sie haben, die Sehnsucht ansatzweise zu stillen. Gehen Sie mit ihr auf Du zu Du. Integrieren Sie sie in Ihr Leben.

Ich bin dankbar, dass ...

Mit welchen Gedanken beschließen Sie den Tag, und was geht Ihnen beim Aufstehen und während des Tages durch den Kopf? Halten Sie solche Gedanken schreibend fest, wenn Sie mögen auch fotografisch. Vielleicht entsteht so mit der Zeit ein Dankbarkeitstagebuch.

Affirmationen

Eine Affirmation ist ein Satz, der uns wohltut. Jede positive Aussage ist eine Affirmation. Sie kann allgemein oder fest umrissen sein. Es gibt hier nahezu unbegrenzte Möglichkeiten.

Beispiele:

Mein Körper fühlt sich bei mir wohl.
Ich bin für die Fülle in meinem Leben dankbar.
Ich lasse die guten Dinge in mein Leben kommen und genieße sie.

Denken Sie sich eine Affirmation aus und schreiben Sie sie groß und farbig in Ihr Tagebuch. Daraus könnte ein Elfchen entstehen (S. 33) oder ein Haiku (S. 34).

Meditatives Schreiben

Setzen Sie sich mit Ihrem Tagebuch hin, werden Sie ganz ruhig, und konzentrieren Sie sich auf die leere Seite vor Ihnen. Welche Botschaft erhalten Sie? Schreiben Sie auf, was immer auch kommt. Vielleicht ist es etwas, das Sie weiterverfolgen möchten. Vielleicht ist es „nur“ ein einziges Wort. Wenn es so ist, füllen Sie mit diesem Wort eine Seite, bis Sie spüren, welche Kraft von ihm ausgeht.

Staunen

Staunen ist eine helle Seite in uns, ein spielerischer, glücklicher Gemütszustand. Wenn wir staunen, fühlen wir uns lebendig. Kindern fällt das Staunen nicht schwer. Sie begegnen täglich vielen kleinen Wundern, an denen wir Erwachsene achtlos vorübergehen.

Notieren Sie stichwortartig, worüber Sie noch staunen können. Sie müssen diese Dinge nicht ordnen. Seien Sie erfinderisch, verrückt und ernst zugleich. Schreiben Sie einfach eine Viertelstunde lang auf, was Ihnen einfällt.

In einem zweiten Schritt können Sie aus Ihren Notizen ein Thema aufnehmen und es weiterspinnen.

Rituale

Ganz alltäglichen Dingen geben wir Bedeutung, indem wir sie in einer ritualisierten Form zum Ausdruck bringen: Essen / Mahlzeiten, Kleidung oder Abschiede. Es gibt Familien- oder Paarrituale, Rituale, die mit unserer Wohnung oder dem Arbeitsplatz zu tun haben, usw. Diese Art von Ritualen wird oft ganz selbstverständlich gepflegt und es wird ihnen automatisch eine Bedeutung gegeben. Vieles davon ist uns oft gar nicht bewusst.

Welche Rituale sind Ihnen wichtig und wie gestalten Sie sie?

Eine Insel finden

Die Insel kann ein Sehnsuchtsort sein, ein Ort, an den man sich zurückziehen kann oder möchte. Sie kann ein Ort sein, wo man sich hin und her bewegt. Zwischen Möglichkeiten wie Alltag und Rückzug, Freiheit und Gebundensein, zwischen dem Du und dem Ich, zwischen Dableiben und Fortgehen.

Was ist für Sie Ihre ganz persönliche Insel? Wie sieht sie aus? Wie gestalten Sie sie? Hat sie einen Namen?

Einsamkeit

„Leben ist Einsamsein. Kein Mensch kennt den andern, jeder ist allein.“ (Hermann Hesse)

Die Einsamkeit verbindet uns Menschen. Der verborgene innerste Kern gehört nur uns. Dieser Gedanke ist tröstlich.

Wann fühlen Sie sich einsam und wie gehen Sie mit diesem Gefühl um?

Weisheitsbox

Sammeln Sie Menschheitsweisheiten und legen Sie sie in eine Box. So haben Sie einen Schreibvorrat an Themen, die Sie anregen. Nehmen Sie von Zeit zu Zeit einen Zettel aus der Box und überlegen sich, was der Satz für Sie bedeutet.

Es gibt Sätze, mit denen schon unsere Großeltern vertraut waren, wie z.B.:

Die Zeit heilt alle Wunden.
Nur der Standhafte wird siegreich sein.
Es kommt, wie es kommt.
Auf Unglück folgt Glück.

Nicht immer kann man sogenannte Weisheitssätze widerspruchslos annehmen. Manche spornen geradezu zum Denken und Reflektieren an, zum Beispiel dieser: „*Man muss vom Weg abkommen, um nicht auf der Strecke zu bleiben.*“ (Hans Zaugg)

Füllen Sie die Box mit Ihren eigenen Weisheitsaphorismen und Lebensmaximen. Was lösen sie bei Ihnen aus? Schreiben Sie Ihre Gedanken dazu auf.

Lyrik macht Mut

Ich weiß
Ich weiß, dass mir nichts angehört
als der Gedanke, der ungestört
aus meiner Seele will fließen,
und jener günstige Augenblick,
den mich ein liebendes Geschick
von Grund aus lässt genießen

Johann Wolfgang Goethe hat dieses Gedicht geschrieben. Vielleicht mögen Sie es in Ihr Buch abschreiben und anschließend Ihre eigenen Gedanken fließen lassen. So können Sie auch mit anderen Gedichten, die Sie ansprechen, vorgehen. Sie finden Sie in Gedichtbänden, aber auch im Internet.

Lyrik ist immer eine Verdichtung auf das Wesentliche und lässt uns meist nicht kalt. Manchmal genügt ein Wort oder eine Zeile, um das zu sagen bzw. zu schreiben, was

Sie schon lange ahnten. Nehmen Sie sich also Zeit und stöbern Sie im unendlich großen Reich der Poesie.

Existenzielle Gedanken

In dem Maße, in dem sich die Menschen von der Kirche abwenden, wächst das Bedürfnis nach Glauben, Spiritualität und Sinn. Auch wenn Menschen nicht mehr an einen Gott glauben können, wie ihn große Religionen einfordern, fühlen sie doch, dass es eine Verbindung zu etwas Größerem gibt. Zu etwas, das über sie hinausreicht und größer ist als ihr individuelles Ich.

„Wenn es einen Glauben gibt, der Berge versetzen kann, so ist es der Glaube an die eigene Kraft.“ (Marie von Ebner-Eschenbach).

Im Lauf unseres Lebens haben wir uns Grundsätze angeeignet, die uns in schwierigen Situationen Kraft geben können. Schreiben Sie solche Grundsätze Ihrer Lebensphilosophie auf. Folgende Anfangssätze helfen Ihnen dabei. Begründen Sie Ihre Gedanken.

Der Tod ist …
Der Begriff Gott bedeutet für mich …
Wichtig im Leben ist mir …
Der Sinn meines Lebens ist …
Die Welt ist …
Ich hoffe auf …
Verändern will ich …
Ich fühle mich aufgehoben. Wenn …
Ich bin …

3.7 Die Kunst des Fragens

Rainer Maria Rilke schreibt in seinem Buch *Briefe an einen jungen Dichter* an Franz Kappus: „… und ich möchte Sie, so gut ich es kann, bitten, lieber Herr, Geduld zu haben gegen alles Ungelöste in Ihrem Herzen und zu versuchen, die Fragen selbst lieb zu haben wie verschlossene Stuben und wie Bücher, die in einer sehr fremden Sprache geschrieben sind. (…) Leben Sie jetzt die Fragen." Damit meinte Rilke Fragen, die nicht sofort beantwortet werden können, Fragen über unsere Existenz, über unser Sosein.

Die existenziellen Fragen werden wahrscheinlich immer die gleichen bleiben, doch die Antworten können sich im Lauf des Lebens verändern, denn sie kreisen um den großen, für uns unbegreiflichen Zusammenhang der Welt und um uns selbst. Je jünger wir uns innerlich fühlen, je reger wir sind, desto mehr Fragen stellen wir uns und anderen. Fragen zu stellen ist deshalb die wichtigste Technik des Tagebuchschreibens. Und die richtige Frage im richtigen Augenblick zu stellen ist Lebenskunst.

Im Grunde genommen könnten wir nach jedem Tagebucheintrag nach der entsprechenden Frage suchen, z.B.:

- Welches ist das zentrale Thema meines Eintrags?
- Aus welchem Grund habe ich diese Erfahrung gemacht?
- Warum habe ich gerade diesen Gedanken aufgeschrieben?

Die Fragen können auch zum Werkzeug werden, um in unbekannte Bereiche vorzustoßen. Doch hier kommt es, wie Rilke erwähnte, darauf an, geduldig zu sein und auf Antworten warten zu können.

Schreibideen zum Thema Fragen

Eine Liste spontaner Fragen

Schreiben Sie Fragen auf, die Ihnen, ohne groß zu überlegen, in den Sinn kommen. Wählen Sie anschließend eine Frage aus, die Sie besonders anspricht, und versuchen Sie, darauf eine Antwort zu geben. Vielleicht kristallisiert sich aus der Antwort eine neue Frage heraus.

Beispiele:

Was kann ich für den Schutz der Umwelt tun?
In welchem Bereich sollte ich mich weiterbilden?
Warum meldet sich W. nicht?

Wo würde ich am liebsten meine Sommerferien verbringen?
Was gönne ich mir?

Vertiefung einer Frage

Wenn eine wichtige Frage Sie beschäftigt, schreiben Sie sie groß in Ihr Buch. Lassen Sie viel Platz rundherum. Jedes Mal, wenn Sie das Buch aufschlagen und auf die Frage treffen, schreiben Sie Ihre Gedanken dazu auf. Eines Tages stoßen Sie inmitten der Gedanken auf eine bestimmte Antwort, die Ihnen die Gewissheit gibt, dass sie die richtige ist.

Ein Problem mithilfe der sechs W-Fragen angehen

Wenn Journalisten einen Bericht verfassen, bedienen sie sich oft der sechs W-Fragen. Versuchen auch Sie, ein Problem auf diese Weise anzugehen und zu lösen.

Was ist geschehen?
Wer ist beteiligt?
Wo ist was passiert?
Wie vorgehen? Wie kann ich das Problem loslassen?
Warum wird es eine bestimmte Veränderung geben?
Wann ist sie geplant?

Herausfordernde Fragen

Das sind existenzielle Fragen, die wahrscheinlich immer die gleichen bleiben, doch die Antworten verändern sich im Lauf des Lebens, denn sie kreisen um den großen, für uns unbegreiflichen Zusammenhang der Welt.

Wer bin ich?
Was will ich?
Wie kann ich gut leben?
Welchen Ratschlag würde mein zukünftiges Ich dem heutigen Ich geben?

3.8 Das Reisetagebuch

„Mein Tagebuch soll sein wie eine Reisetasche, in die ich ungeprüft allen Krimskrams hineinwerfe.
Wenn ich später nachsehe, ist das Durcheinander
wie von Geisterhand geordnet, gesintert zu einem Ganzen,
so fest und unnahbar wie ein Kunstwerk,
aber so transparent, dass das Licht des Lebens durchscheint."
(Virginia Woolf)

„Gott sei Dank", bemerkte die Kollegin, „konnte ich mich von der Sucht befreien, auf jeder Reise ein Reisetagebuch mitschleppen zu müssen. Ständig war ich zwei Tage in Verzug und konnte deshalb die Ferien nicht richtig genießen, denn durchhalten wollte ich, und das brauchte sehr viel Disziplin. Heute bin ich befreit und gehe ohne Tagebuch in den Urlaub."

Disziplin brauchen wir im Alltag mehr als genug; die Ferien sollten uns nicht auch noch mit selbst auferlegten Verpflichtungen belasten. Eine Reise chronologisch und möglichst lückenlos schreibend festzuhalten überfordert. Zudem kann man Fakten im Reiseführer nachlesen. Das Reisetagebuch sollte also eine Ergänzung zum Reiseführer sein und keine Konkurrenz. Deshalb: Überfordern wir uns nicht. Haben wir Mut zur Lücke. Manchmal genügen zwei, drei Sätze, um das Wesentliche einer Beobachtung festzuhalten.

Die einfachste und unkomplizierteste Art, unterwegs zu schreiben, besteht deshalb im Verfassen von Miniaturen. Gemeint sind kurze Aufzeichnungen, Fragmente (siehe S. 40); Beobachtungen, die Schnappschüssen mit einer Kamera ähneln. Miniaturen sind einzelne Eindrücke, die wir unmittelbar sehen, hören, beobachten, spüren, riechen, schmecken oder fühlen, also Sinneswahrnehmungen. Das kann ein aufgeschnappter Dialog sein oder die Beschreibung eines besonderen Schildes über einer Haustür. Wir beißen in eine Frucht, die uns fremd ist, und versuchen ihren Geschmack festzuhalten. Wir beobachten, wie Tauben miteinander turteln. Manchmal reichen wenige Sätze, um ein Bild und die damit verknüpfte Stimmung einzufangen. Selbstverständlich können wir diese kurzen Aufzeichnungen auch mit uns in Verbindung setzen. Was empfinden wir bei einer bestimmten Beobachtung, an was erinnert uns eine Begebenheit, welche Überlegungen machen wir, wenn wir vor einer Situation stehen, die uns fremd ist? Fixieren wir die Eindrücke.

Die Fahrt im Orientexpress von Zürich nach Beirut dauerte 1968 fast eine Woche. Als der Zug aus dem Züricher Hauptbahnhof rollte, merkte der Autor Peter K. Wehrli, dass er seinen Fotoapparat zu Hause vergessen hatte. Nach anfänglicher Wut über sich selbst kam ihm die Idee, die Erinnerungsbilder statt mit der Kamera nun mit den Mitteln der Sprache einzufangen. Alles, was ihm unterwegs auffiel, alles, was er sonst fotografisch festgehalten hätte, bildete er nun mit Wörtern ab. Jede Wahrnehmung bekam eine Nummer. Im Verlauf von 31 Jahren kamen 1111 solcher kleinen Texte zusammen, die alle einen Titel haben und nur wenige Zeilen sind. Daraus entstand Wehrlis Buch *Katalog von Allem*.

Viele Miniaturen ergeben ein Bild – ein farbiges Reisebild. Sie sind wie Mosaiksteinchen, die zusammen ein Ganzes bilden: eine Reise, so wie wir sie erlebt haben. Dabei spielt es keine Rolle, was wir am Montag oder am Dienstag erlebt haben. Zeit ist hier unwichtig. Ganz anders verhält es sich mit all den Wahrnehmungen, verbunden mit den entsprechenden Gefühlen. So entstehen schriftlich skizzierte Begebenheiten, mal flüchtig hingeworfen, mal mit Liebe zum Detail, mal gekritzelt, mal in schöner Schrift. Nüchterne Betrachtungen mischen sich mit schillernden Impressionen und philosophischen Gedanken. Das alles hat in einem Reisetagebuch Platz.

Es ist einfacher, ein Reisetagebuch zu führen, wenn man die Ferien an einem bestimmten Ort verbringt. Dann gibt es mehr Zeit und Muße zum ungestörten Schreiben. Wandern oder fahren wir von Ort zu Ort, werden wir oft von Eindrücken überschwemmt. Das Reiseprogramm ist vollgestopft mit Sehenswürdigkeiten, und die Neugier ist größer als das Bedürfnis, innezuhalten. In diesem Fall ist ein kleiner Notizblock in der Tasche sinnvoll, um während der Wartezeiten kurz einige Eintragungen zu machen, denn nichts, was wir wahrnehmen, ist bedeutungslos. Diese Notizen lösen später Assoziationen aus, verschiedene Bilder. Mithilfe dieser Bilder können wir im Nachhinein unsere Reiseeindrücke aufschreiben. Es muss nicht alles gleich vor Ort aufgeschrieben werden. Eine gewisse Zeitspanne zwischen dem Geschehen und der Niederschrift schadet der Unmittelbarkeit des Textes nicht.

Schreibideen für das Reisetagebuch

Fragen für unterwegs

- Was hat mich heute überrascht?
- Was ist mir fremd?
- Was ist skurril?
- Worüber rege ich mich auf?
- Welche Beobachtung, welches Erlebnis macht mich froh und glücklich?
- Was ist heute besonders eindrücklich?
- Was ist heute der Höhepunkt des Tages?
- Welches innere Bild möchte ich mit nach Hause nehmen?
- Was habe ich heute gegessen und wie schmeckte es?
- Welches Problem konnte ich lösen?

Sammeln Sie während Ihrer Reise weitere Fragen, und versuchen Sie mithilfe der Antworten eine Zusammenfassung der Reise zu erhalten.

Der Ort, an dem ich mich gerade befinde

Wenn Sie einen Ort nur kurz besuchen, werden Sie selten die nötige Muße haben, ihn schreibend einzufangen. Um trotzdem eine bleibende Erinnerung zu behalten, eignet sich das Akrostichon (siehe S. 34). Schreiben Sie die Ortschaft, da wo Sie sich gerade befinden, mit Großbuchstaben senkrecht aufs Papier und füllen Sie die Zeilen mit den passenden Wörtern oder einem Satz aus.

Anregungen für Miniaturen

Die folgenden Beispiele sind vor Ort entstanden. Es sind Impressionen, Augenblickstexte, die nur wenige Zeilen beinhalten. Der Titel kam am Schluss dazu.

Im Wasser
Das Meer empfängt mich. Ich bewege mich horizontal. Die Wärme des Wassers umschmeichelt meine Haut. Es ist herrlich, mit den Wellen durch das Wasser zu gleiten und später im Zimmer zu duschen.
(RMD)

Von der Beobachtung zur Fiktion: Sie beobachten eine Situation und denken sich eine kleine Geschichte aus, die nichts mit der Realität zu tun haben muss.

Am Strand
Das Schächental weit weg
Das Meer ganz nah
Am Ufer der Bauer
Mit seiner Frau
„Komm", sagt er
„Vergessen wir die Kühe
Schwimmen wir eine Runde
Schlafen wir eine Runde
Lassen wir das Gras wachsen."
(RMD)

Einen Anflug von Poesie vermitteln: Hierfür ist es am besten, wenn wir die Zeit vergessen. Plötzlich taucht eine Stimmung auf und das absichtslose Schreiben eines

Gedankens gelingt, ohne dass wir uns anstrengen müssen. Fotografieren Sie mit sprachlichen Bildern.

Das lyrische Du
Wenn die Wellen den Sand aufwirbeln,
dann bist du machtlos.
Niemand kann sie bändigen.
Es sei denn,
du bist mit den Wellen per Du.
(RMD)

Abendstimmung
Immer wieder bewundere ich, wie die untergehende Sonne am Horizont wie ein roter Ball im Meer verschwindet. Immer wieder das gleiche Bild, ein lebendiger Film von drei Minuten und immer wieder ein erhabenes Gefühl.
(RMD)

Sich ins Zentrum setzen: Drehen Sie sich im Uhrzeigersinn und notieren Sie alles, was Sie sehen.

Vor mir die Insel Cabrera, umgeben vom Meer.
Unter mir ein abgewetzter Felsrücken.
Über mir ein wolkenverhangener Himmel mit wenigen Blautönen.
Neben mir Jean, der auch auf die Insel blickt.
Hinter mir eine Häuserreihe, deren Bewohner jeden Tag auf die Insel blicken können.
Nahe bei mir mein kleiner Rucksack.
Fern von mir meine Wohnung mit meinen Habseligkeiten, die heute und auch morgen und übermorgen nichts mit mir zu tun haben – gar nichts!
(RMD)

Beobachtungen sinnlich wahrnehmen: Machen Sie sich Notizen über das, was auf den ersten Blick nicht ersichtlich ist. Setzen Sie sich auf den Dorfplatz und beobachten Sie das Verhalten der Menschen. Schreiben Sie über die Spatzen, die sich um die Brosamen streiten. Erwähnen Sie Details, die sonst niemand sieht. Listen Sie auf, was sie sehen, riechen, hören, schmecken.

Eine atmosphärische Skizze: Manchmal genügen zwei, drei Sätze, um mittels einer einzigen Beobachtung eine Atmosphäre herzustellen. Sind wir wieder zu Hause, können Sie sie ohne Mühe wieder herbeizaubern.

Kloster Stahov in Prag
Den Bibliotheksaal dürfen wir nur von Weitem besichtigen. Dies genügt, um mich hier

energetisch so aufzuladen, dass meine Müdigkeit augenblicklich verschwindet. Ich fühle mich wie neugeboren inmitten der 200.000 Bücher von unschätzbarem Wert.
(RMD)

Der Blick aus dem Fenster: *„Auch wenn man nur zum Fenster rausschaut, sieht man die Welt."* (Wilhelm Raabe)

Nehmen wir an, Sie übernachten auf Ihrer Reise jeden Tag an einem anderen Ort. Welcher Blick präsentiert sich von Ihrem Hotelzimmer aus? Ihre Beobachtungen sind interessanter als ein Handy-Bild, denn Sie beobachten im Nachbarhaus vielleicht unerwartete Dinge.

Tafelfreuden: Je fremder der Ort ist, desto interessanter wird das Essen. Flanieren auf Märkten und in Markthallen bewirkt, dass wir von Düften und Farben umnebelt sind. In einem Restaurant bestellen wir vielleicht eine Speise, die uns fremd ist. Wie sieht sie aus? Wie schmeckt sie? Ist der Wunsch da, sie zu Hause selbst zuzubereiten? Notieren Sie das Rezept der Reiseregion.

Der Vergleich: Sie halten sich an einem bestimmten Ort auf und Ihnen fällt ein passender Vergleich zu diesem Ort ein. In diesem Fall ist Ihnen ein schöpferisches Highlight gelungen. Gratulieren Sie sich.

Eine Reise in Italien ist wie eine Artischocke, die man langsam und Blatt für Blatt genießen muss.
(Aus Italien)

Den Kulturraum der Einheimischen erforschen: Machen Sie das Fremde sichtbar. Beobachten, sammeln und dokumentieren Sie alles, was ungewohnt ist. Was Sie zum Staunen bringt, worüber Sie den Kopf schütteln, was Sie lächelnd zur Kenntnis nehmen. Wie verhalten sich die Menschen? Warten, bummeln, flanieren oder irren sie herum? Diskutieren, streiten oder lachen sie? Beobachten Sie die Schaufenster und die Fassaden der Häuser. Bannen Sie das Unscheinbare, Flüchtige – bevor Sie es vielleicht fotografieren – aufs Papier.

Schreiben nach der Reise

Ihr Stift ist Ihr Kompass. Er richtet sich nach innen und nach außen. Vertiefen Sie sich in eine der folgenden Fragen (oder auch gleich in mehrere). Die Antworten, die Sie hier finden, können vielleicht für die nächste Reise wichtig sein.

- Welches war Ihre interessanteste Erfahrung?

- Welches Ihre schönste Erinnerung?
- Was haben Sie gewagt?
- Wer oder was hat einen besonderen Eindruck hinterlassen? Warum?
- Was möchten Sie nicht noch einmal erleben?
- Möchten Sie das besuchte Reiseziel noch einmal aufsuchen? Wenn ja, warum? Wenn nein, warum nicht?

„Alle Reisen haben eine heimliche Bestimmung, die der Reisende nicht ahnt." (Martin Buber) Und nun die letzte Frage: Welches war Ihre heimliche Bestimmung, wenn Sie an Ihre Reise zurückdenken?

Der Wunsch nach einem Reisebericht

Die kurzen Aufzeichnungen, die während der Reise entstanden sind, möchten Sie nicht einfach so versanden lassen. Sie entschließen sich, einen Reisebericht zu schreiben:

- Verschaffen Sie sich nach der Reise einen Überblick Ihrer Notizen.
- Halten Sie einzelne Stationen der Reise fest.
- Die Aufzeichnungen, die während der Reise entstanden sind, können sie innerhalb der Stationen platzieren. Fotografien, Prospekte und Pläne vervollständigen den Reisebericht. Auch Jahre später wird er Ihnen helfen, sich an diese Reise zu erinnern.

3.9 Der Jahreslauf

Im Jahreskreis sind Natur, Kultur, Religion und Kunst miteinander verbunden. Das wird uns jedoch erst bewusst, wenn wir zum Alltag auf Distanz gehen, wenn wir das gewohnte Umfeld verlassen. Dann erkennen wir, wie vielfältig jede Jahreszeit, jeder Monat ist, wie jeder seinen Charakter, seine Erzählungen, seine Feste, Bräuche und Traditionen hat. Wir nehmen all das vielleicht nur am Rande wahr, aber es ist in uns verankert. Religiöse Feste haben nicht überall mehr die gleiche Bedeutung wie früher, doch in unserem Bewusstsein sind sie immer noch da. Die inneren Bilder, die wir Monat für Monat in uns tragen, wiederholen sich Jahr für Jahr. Der Januar hat seine Besonderheit und ebenso der Juli. Unterschiedlicher könnten zwei Monate nicht sein, und gerade deshalb ist der Jahreslauf so spannend.

Die Abfolge von Frühling, Sommer, Herbst und Winter entspricht, auf die Menschen übertragen, der Abfolge unseres Lebens. Es zeigt sich also eine Parallele zwischen Jahreslauf und Lebenslauf. Am Ende schließt sich bei beiden der Kreis: der Jahreskreis und der Lebenskreis. Die Zahl des geschlossenen Jahreskreises ist die Zwölf.

Würdigen Sie jeden Monat. Lassen Sie ihn aufleben, indem Sie ihm einen Platz in Ihrem Buch geben. Auch für Einträge zum Jahreskreis eignen sich gut Bilder zur Ergänzung.

3.9.1 *Der Januar*

„Am Anfang war die Kraft." (Paula Modersohn-Becker)

Der erste Tag des Jahres, das Neujahr, ist voller Erwartungen, vielleicht auch voller Vorsätze. Der Elan, in die Zukunft zu schauen, wird noch nicht durch Zweifel oder gar Resignation gebremst. Wir sehnen uns nach Aufbruch und Erneuerung. Das Alte mit all dem Mühsam und dem Kummer möchten wir hinter uns lassen.

Der 6. Januar ist der Tag der Heiligen Drei Könige (Epiphanias, Dreikönigsfest). An diesem Tag werden in manchen Familien die Kerzen des Weihnachtsbaums, bevor er entsorgt wird, nochmals angezündet.

Weiß ist die Farbe des Januars, die Farbe des Anfangs. Weiß ist die Landschaft in den Bergen. Weiß ist auch die Farbe der Erkenntnis und des menschlichen Bewusstseins.

Schreibideen

- Das Thema „Anfangen" passt zu diesem Monat.
- „Soeben hat sie / er ein Schreibbuch gekauft." Dieser Satz ist der Anfang für einen Text. Schreiben Sie die Fortsetzung.
- Was möchten Sie in diesem Jahr anpacken? Lernen? Erfahren? Von was möchten Sie sich lösen?
- Die Natur ruht und die Nächte sind lang. Schreiben Sie eine kurze Liebesgeschichte an den Januar. Er ist nicht nur kalt; er sorgt auch für Wärme.
- Sie sind für einen Tag Königin, König. Was wünschen Sie sich?

3.9.2 *Der Februar*

Noch sind die Äcker kahl, doch in den Gärten blühen die Schneeglöckchen. Sie sind die Boten des Frühlings. Die Sonne wärmt über den Mittag die kalten Wangen. Sie ist in diesem Monat hochwillkommen.

Vor allem in den katholischen Gegenden sorgt der Karneval für eine zeitlich befristete Anarchie: die Narrenfreiheit. Wilde Sinnlichkeit ist angesagt. Im Rausche des Dionysos, der Gott des Weines, der Freuden, der Sinnlichkeit, tummeln sich die Menschen. Sie verbergen sich hinter Masken, einem uralten Symbol, und das ermöglicht die Einübung einer neuen Rolle.

Der Aschermittwoch sorgt für Kontrast und Besinnung, und die anschließende 40-tägige Fastenzeit soll an die 40 Tage erinnern, die Jesus fastend und betend in der Wüste verbrachte.

Schreibideen

- Die Schneeglöckchen, die nach der Brachzeit erwacht sind, schenken uns Energie. Bei welcher Gelegenheit haben Sie diese Energie gespürt?
- Ein schöner Tag im Februar. Die Sonne scheint für kurze Zeit, der Himmel ist wolkenlos. Machen Sie einen etwa einstündigen Spaziergang, beachten Sie die Umgebung und schreiben Sie anschließend Ihre Beobachtungen auf.
- Karneval und Fastenzeit. Lärm versus Stille. Aus-sich-Herausgehen versus In-sich-Gehen. Schreiben Sie einen Dialog mit diesen Gegensätzen. Werden der Lärm und die Stille sich einig (siehe S. 58)? Welche Person möchten Sie zu Karneval sein?

3.9.3 *Der März*

Der März ist nach dem Kriegsgott Mars benannt, einem der zentralen Götter in der römischen Antike.

Forsythien, Mimosen, der erste Zitronenfalter: Der Frühling erwacht. Die Farbe dieses Monats ist Gelb. Gelb bedeutet Helligkeit und Heiterkeit. Diese Farbe steht auch für den Verstand, für Beweglichkeit und Austausch.

Um den 21. März erreicht die Sonne den Himmelsäquator. Der Tag ist dann genau so lang wie die Nacht: die Tagundnachtgleiche, der astronomische Frühlingsbeginn.

Schreibideen

„Siehst du im März gelbe Blumen im Freien, magst du getrost deine Samen streuen.“ (Bauernregel)

- Wenn Sie einen Garten besitzen, welche Samen säen Sie? Sie können auch an einem öffentlichen Ort Blumensamen säen und beobachten, wie sie sich entwickeln. Schreiben Sie über das Blumenleben in Ihrer Umgebung und machen Sie auch Fotos.
- „Samen streuen“, dieser Ausdruck kann auch als Symbol für etwas Neues verstanden werden, zum Beispiel für ein Ziel, das Sie verwirklichen möchten. Benennen Sie es und denken Sie dabei an den Kriegsgott Mars, der kaum zögerte, wenn er etwas erreichen wollte.
- Die Tagundnachtgleiche – diese kurze Zeit verkörpert die Balance. Was fühlt sich jetzt in Ihrem Leben so richtig stimmig an? Schreiben Sie einen kurzen Text und freuen Sie sich darüber.

3.9.4 *Der April*

Noch sind die Nächte kühl, aber die Tage schon warm. Buschwindröschen blühen im Wald, und auf den Wiesen ist es der Löwenzahn. Auch die Bäume zeigen sich von der schönsten Seite. Der April öffnet die Tore zur Natur (*aprire* = öffnen, lat.) Das Wetter macht Sprünge. „April, April, weiß nicht, was er will“. Der April gehört zweifelsohne nicht zu den meditativen Monaten des Jahres. Im Gegenteil: Der 1. April ist der Scherztag des Jahres. Spektakuläre oder fantastische Geschichten werden erzählt, die in die Irre führen. Diese Tradition gibt es in den meisten europäischen Ländern sowie in Nordamerika.

Zum April gehört aber auch das Osterfest, beginnend mit dem Passionssonntag und der Karwoche. Die Kreuzigung Christi und die Auferstehung sind die wichtigsten christlichen Tage des Jahres. Zum Osterfest gehört auch der Osterhase, der Eier färbt und sie im Garten versteckt. Die Verbindung des christlichen Osterfests mit dem Ei als Symbol des Lebens ist ebenfalls in verschiedenen europäischen Ländern seit dem Mittelalter bekannt. Die Verknüpfung des Hasen mit dem österlichen Eierbrauch jedoch ist unklar. Vielleicht ist es die Fruchtbarkeit des Hasen mit dem Frühling.

Schreibideen

- Schreiben Sie über einen Wendepunkt in Ihrem Leben, wo etwas sterben musste, bevor etwas anderes erwachen konnte. Das kann eine Tätigkeit sein, der Tod eines geliebten Menschen oder ein Wohnortwechsel. Gehen Sie auch auf das Neue ein, das Ihr Leben veränderte.
- Normalerweise versuchen wir so ehrlich zu schreiben, wie wir fühlen und empfinden. Erfinden Sie eine Lügengeschichte, die rein Ihrer Fantasie entspringt, und lesen Sie sie jemandem vor. Glaubt er sie? Geben Sie Ihrer Geschichte einen passenden Titel.
- Die ersten vier Monate des Jahres verkörpern die Kindheit und Jugend. Denken Sie sich in diese Zeit und schreiben Sie Erinnerungen auf, die Ihnen spontan einfallen. Dazu eignet sich das serielle Schreiben gut (siehe S. 71).

3.9.5 Der Mai

Der Mai ist der Monat der Frauen. In katholischen Regionen wird Maria verehrt und am zweiten Sonntag im Mai vielerorts der Muttertag gefeiert. Dieses Fest nahm 1914 seinen Anfang, in den USA, und hat sich seitdem in der westlichen Welt etabliert. Die Ursprünge des Muttertags lassen sich aber bis zu den Verehrungsritualen der Göttin Rhea im antiken Griechenland zurückverfolgen. Die Mutter des Zeus stand für Fruchtbarkeit und galt, wie ihre Mutter Gaia, auch als Erdmutter. In einem weiteren Sinn kann man sagen, dass wir im Wonnemonat Mai mit dem Muttertag die Fruchtbarkeit und die Natur im Allgemeinen feiern. „Mutter Erde" gehört zu den universellen Bildern und Symbolen der Menschheit. Sie ist die Gebärerin und Ernährerin, und ihre Fruchtbarkeit ist groß. Die Natur keimt, sprießt, grünt und blüht und in den Wäldern ruft der Kuckuck.

50 Tage nach Ostern feiern die Christen Pfingsten, ein eher schwer verständliches Fest. Der Heilige Geist verkündet das Reich Gottes auf Erden. Den Geist kann man

aber auch in einem nicht religiösen Sinn ehren. Wir sind dankbar für unsere Einfälle, Ideen, Erkenntnisse und für die Gabe der Reflexion.

Der 1. Mai ist der internationale Feiertag der Arbeiterbewegung und an vielen Orten auch arbeitsfrei. Ebenfalls am 1. Mai wird an vielen Orten im Mittel- und Norddeutschland mitten auf dem Dorfplatz der Maibaum aufgestellt, ein geschmückter Baum(stamm). Sein Ursprung ist ungeklärt. Häufig genannt werden germanische Riten.

Schreibideen

- Schreiben Sie eine Ode an Mutter Natur. Die Ode ist eine Gedichtform, durch einen feierlichen und erhabenen Stil gekennzeichnet. Ihr Gedicht kann sich, muss sich aber nicht reimen. Bringen Sie einfach all Ihre Gefühle ein. Übertreiben Sie ruhig ein bisschen.
- Der 1. Mai ist der Tag der Arbeit. Überlegen Sie, was Sie im Haus und in der Familie alles tun. Was leisten Sie an sozialer Arbeit (bezahlt und unbezahlt), was an Beziehungsarbeit usw.? Erstellen Sie eine Liste. Sie wird bestimmt lang. Beispiel: Koch / Köchin, Servierer*in, Buchhalter*in, Handwerker*in, Korrespondent*in, Manager*in, Kinderhüter*in, Aufgabenhelfer*in, Einkäufer*in, Geistesarbeiter*in, Gärtner*in, Zuhörer*in usw.
- Immer wieder haben Sie Einfälle, Ideen, spontane Erkenntnisse und die Kraft, sie umzusetzen. Freuen Sie sich über Ihre Lebendigkeit und schreiben Sie darüber einen kurzen Text.

3.9.6 *Der Juni*

Leicht und schwerelos ist dieser Monat. Wer einen Garten besitzt, der kann ihn nun genießen. Alles wächst, blüht, gedeiht, wuchert. Stauden, Sträucher, Küchen- und Heilkräuter, Blumen, Wasserpflanzen, Gemüse … Wer keinen eigenen Garten hat, kann die öffentlichen Gärten, Parkanlagen, Klostergärten … besuchen. Gärten sind ein idealer Rückzugsort für Städter. Sie stillen die Sehnsucht nach einem Stück Natur.

Die Sommersonnenwende findet am 21. Juni statt. Das ist der längste Tag des Jahres. Die Sonne hat ihren Höchststand erreicht und ihr Licht zieht sich ab jetzt von Tag zu Tag etwas mehr zurück. Am 24. Juni ist das Johannifest (Geburt Johannes des Täufers). Das Johannifeuer, das vor allem in den nordeuropäischen Ländern entzündet wird, steht für eine vorchristliche Sonnensymbolik.

„Alles ist gut, wie es aus den Händen der Natur kommt." (Goethe) Zur Natur gehören auch die Tiere. Sie sind in diesem Monat besonders lebendig.

Schreibideen

- Nicht nur die Menschen, auch Bienen, Enten, Eulen, Frösche, Grillen, Hirsche …, sie alle sind in ihrem Element. Sie summen, schnattern, schreien, quaken, zirpen, röhren. Schreiben Sie einen Liebesbrief an ein Tier, das Sie besonders mögen.
- Im westlichen Abendland stellt die Rose ein ähnlich bedeutendes Symbol dar wie für den Osten der Lotus. Besonders der Farbe Rot wurde eine Bedeutung beigemessen. Die rote Rose steht für Leidenschaft, Liebe und Begierde und damit für Fruchtbarkeit und Schönheit. Schreiben Sie ein Elfchen über die Rose oder eine andere Lieblingsblume (siehe S. 34).
- Egal wie alt Sie sind – Sie fühlen sich hoffentlich immer aufs Neue voller Kraft und Elan. Schreiben Sie einen kurzen Text und beginnen Sie ihn mit „Manchmal …", „Einmal …" oder „Jetzt …".

3.9.7 *Der Juli*

Die Sonne brennt, das Pflaster brennt, tieffarbig leuchten die Blumen in den Gärten. Der Juli schöpft aus dem Vollen und feiert sich selbst. Es ist der Monat der Gefühle und des Überflusses. Zur Eigenschaft des Julis gehören Hitze, Leidenschaft und Übermut. Juli ist ein einziges Fest: das Fest der Liebe und der Romantik. Was wäre das Leben ohne Liebe? Es wäre steril, öde, tot. Ohne Liebe ist das Leben sinnlos. Was wäre die Literatur ohne Liebesromane? Eine Oper ohne Leidenschaft?

Schreibideen

„Die Erde lächelt, die Gewässer lächeln, die Himmel lächeln –
aber ich verlerne zu lächeln, wenn du mir nicht nahe bist." (Indianisches Volkslied)

- Lächeln Sie und schreiben Sie einen Liebesbrief an die Person, der Sie nahestehen.
- Kaufen Sie Ansichtskarten von dem Ort, an dem Sie sich gerade aufhalten. Schreiben Sie nicht über die Hitze oder das andauernde Regenwetter. Schreiben Sie einen Liebesgedanken an den Empfänger, eine Freundlichkeit, die ihn auszeichnet. Er wird sich freuen.

- Der Juli ist der Monat des Überflusses. Zählen Sie einige Ihrer Schätze auf, die vielleicht überflüssig sind, für Sie aber nicht. Wählen Sie einen solchen Schatz aus und schreiben Sie seine Geschichte.

3.9.8 Der August

In der Stadt sind die Straßen und öffentlichen Plätze leer, die Schulen geschlossen. Der August ist der Ferienmonat. Man liegt an irgendeinem Strand unter dem Sonnenschirm und blickt in die Wellen und zum wolkenlosen Himmel. Man träumt und schwitzt, stürzt sich in die Brandung und schleckt Eis. Die Begegnungen sind leicht und unverbindlich. Die Zeit steht still.

Seit der Romantik ist das Meer Sinnbild der Melancholie. Das Meer weckt Sehnsucht und erzeugt die Vorstellung von unermesslicher Weite und Tiefe. Das Meer ist aber nicht nur Symbol für Schönheit und Erhabenheit, sondern auch für Unheil und Verwüstung. Das Meer kann bedrohlich sein, so bedrohlich, dass wir Menschen uns klein und nichtig finden.

Schreibideen

- *„Heute ist der erste Tag vom Rest meines Lebens."* Was bedeutet dieser Satz für Sie? Gehen Sie mit diesem Satz schreibend auf Reisen. Wenn Sie mögen, schreiben Sie als Verdichtung einen Dreizeiler (siehe S. 32).
- Was bedeutet das Wort „Ferien" für Sie? Wenn Sie zurückdenken, welche Ferienwochen haben Sie noch in guter Erinnerung? Wenn Sie an die Zukunft denken, welche Wünsche begleiten Sie und lassen Sie nicht los? Und jetzt, in der Gegenwart, wie gestalten Sie diese Zeit außerhalb des Alltags?
- Das Meer ist Symbol der Sehnsucht, des Ursprungs, der Ewigkeit, der Regeneration, der Heilung, Zeitlosigkeit und Gewalt. In der Tiefenpsychologie ist es das Symbol des Unbewussten. Auch wenn Sie das Meer nicht vor Augen haben, schreiben Sie einen meditativen Text, ausgehend vom Meer.
- Wenn Sie auf Reisen sind, lassen Sie sich vom Kapitel „das Reisetagebuch" inspirieren (siehe S. 86).

3.9.9 *Der September*

Wir beobachten die Schwalben und haben vielleicht zum letzten Mal in diesem Jahr den Wunsch, ihnen zu folgen, zu verreisen, wohin auch immer. Bald wird es kalt, der Herbst hat sich angekündet. Es dunkelt früh.

Im September wird das Getreide eingefahren und in die Scheunen gebracht. Die Trauben werden geerntet. An manchen Orten feiert man das Erntedankfest.

Am 22. oder 23. September ist die Tagundnachtgleiche. An diesen Tagen geht die Sonne genau im Osten auf und im Westen unter. Der astronomische Herbst beginnt.

Schreibideen

Wer vom Alter her im Herbst steht, kann sich fragen, was er vom Leben noch erwartet. Vieles hat man erreicht. Was weckt Ihre Sehnsucht, wenn Sie die Schwalben beobachten? Nehmen Sie sich Zeit für Ihre Sehnsucht, Ihre Wünsche und Hoffnungen und fliegen Sie schreibend auf dem Papier davon.

Was haben Sie bis heute erreicht oder, herbstlich ausgedrückt, „geerntet“? Erstellen Sie eine Liste mit allem, was Ihnen gelungen ist. Vergessen Sie nicht die kleinen Dinge, die Ihnen geglückt sind. Anschließend wählen Sie einen Begriff aus Ihrer Liste und schreiben Ihre Gedanken dazu auf.

3.9.10 *Der Oktober*

Kastanien fallen auf den Boden. Die Früchte glänzen in der stacheligen Schale. Alt wird das Jahr. Die Sonne verliert ihre Kraft. Das Fallen der orangegefärbten, gelben Blätter der Laubbäume verkündet den baldigen Winter. Die Landschaft zeigt sich nun in einem sanften, warmen Licht. Besonders im Herbst genießen wir die Sonnenstrahlen, im Wissen, dass sie von Tag zu Tag spärlicher werden. Gelegentlich werden wir von Herbststürmen heimgesucht.

Das Oktoberfest ist ein Volksfest ohne religiösen Hintergrund, das im vorletzten Jahrhundert in München begann und heute bis China verbreitet ist. Tradition, Trachten, Bier und Fröhlichkeit zeichnen dieses Fest aus. Man will noch einmal so richtig das Leben genießen, bevor der Winter kommt.

Schreibideen

- Der Oktober ist ein sinnlicher Monat. Nehmen Sie sich Zeit für einen Herbstspaziergang auf dem Land oder im Wald. Was sehen, hören, riechen, ertasten Sie? Daheim schreiben Sie einen kurzen Text und, wenn Sie mögen, anschließend ein Haiku (siehe S. 34). Sujû, ein japanischer Haikumeister, hat geschrieben: „*Das gelbe Laub fällt / Das rote Laub hingegen / Wird nur noch stärker.*“
- „*Fröstelnd geht die Zeit spazieren*“ ist die erste Zeile des Gedichts *Oktober* von Erich Kästner. In einer weiteren Zeile ermahnt er, weiterzugehen und nicht stehen zu bleiben. Was für Strategien haben Sie, wenn (Herbst)stürme Ihr Leben durcheinanderwirbeln? Schreiben Sie ein paar Zeilen über Ihre Taktik.
- Verflogen ist die Jugend, vorbei sind die Jahre, wo wir mit unserer Gesundheit Raubbau treiben konnten. Jetzt gilt es, um uns selbst Sorge zu tragen. Was tun Sie, um gesund zu bleiben?
- Feste feiern kann man zu jeder Jahreszeit. Einen Freund einzuladen ist bereits ein Fest. Schreiben Sie über eine Begegnung mit einem Menschen, mit dem Sie auch lachen konnten.

3.9.11 *Der November*

Grau ist die Farbe der Städte – steingrau, nebelgrau. Der Winter naht. Die letzten Blätter wirbeln über den Asphalt. Der November ist mit dem Tod vertraut. Wir gedenken der Toten, all denen, die vor uns gegangen sind. Wir wissen um die Begrenztheit und Endlichkeit. Christliche Kirchen kennen die Totentage: Allerheiligen, Allerseelen, den Totensonntag. Allerheiligen gehört zu den Festen, wo christliches und heidnisches Brauchtum verbunden sind.

„*... und der November trägt den Trauerflor*“, schreibt Erich Kästner in seinem Novembergedicht. Das stimmt, aber man kann auch gegen die Novembermelancholie kämpfen, indem wir mit Goethe ausrufen: „*Mehr Licht!*“ Wenn es am Abend, zu früh für unsere Begriffe, dunkelt, können wir unseren Wohnungen Wärme einhauchen. Mit Kerzen zum Beispiel, mit Musik, feinen Düften.

Schreibideen

- Tod und Auferstehung: Etwas ist gestorben, etwas Neues hat begonnen. Erinnern Sie sich in Ihrem Leben an eine solche Erfahrung? Schreiben Sie darüber.

- Jemand ist gestorben, der in Ihrem Leben wichtig war. Schreiben Sie ihm einen Brief und danken Sie ihm über die gemeinsame Zeit.
- Dem Tod trotzen: Worte können das. Sammeln Sie Worte und Sätze, die Sie von Ihrer Melancholie befreien. Es gibt vom Klang her wunderbare Worte. Sie können auch welche erfinden. Benutzen Sie dazu die schönsten Farben.

3.9.12 *Der Dezember*

In der Stadt glitzern an jeder Straßenecke Lichterketten, und wenn man ein vorweihnächtliches Gewimmel erleben möchte, dann besucht man die Weihnachtsmärkte. Dort findet man neben den verschiedensten Geschenken Glühwein, Maronenstände, Lebkuchen und Bratwurstbuden.

Dezember ist der Monat der Erwartung. Wir empfinden eine kindliche Sehnsucht nach dieser Glitzerwelt, nach funkelnden Tannenbäumen und nach Geschenkpapier. Beginn dieser Zaubertage ist der 1. Advent. In den Läden werden Adventskränze angeboten. Die Wartezeit dauert dann genau 24 Tage. 24 Tage in einer gewissen Spannung, sofern wir uns vom Weihnachtsfest nicht ausklinken können.

Der Nikolaustag am 6. Dezember ist ebenfalls ein besonderer Tag. Historisch geht die Gestalt auf das 10. Jahrhundert zurück, auf Nikolaus von Myra aus dem kleinasiatischen Lykien, der den Armen half.

Weihnachten ist das größte Fest des christlichen Kulturkreises. Engel, Weihnachtsbaum, Kerzen, das Jesuskind in der Krippe, Weihnachtslieder, Weihnachtsessen …, die Familie trifft sich.

Kurz vor Weihnachten hat die Sonne ihren Tiefpunkt erreicht. Zum Zeitpunkt der Wintersonnenwende ist das Licht in Bedrängnis. Dann ist der kürzeste Tag erreicht und die Tage werden unmerklich länger.

Schreibideen

- Erinnern Sie sich, wie Sie als Kind das Weihnachtsfest feierte, und schreiben Sie die Erinnerung auf.
- Schreiben Sie vierundzwanzig Wörter oder Sätze auf, verpacken Sie sie in Zündholzschachteln und verschenken Sie sie als Adventsgeschenk.
- Es gibt unzählig viele Weihnachtsgeschichten auf dem Markt. Sie alle handeln von der Erwartung auf das Fest, von unerfüllten Wünschen, von traurigen Erfahrun-

gen und trostvollen Augenblicken. Wagen Sie sich an eine Weihnachtsgeschichte, die nicht sentimental ist.

- Weihnachten würden Sie am liebsten aus dem Kalender streichen. Beschreiben Sie Ihre Erfahrungen, Ihre Flucht von der Glitzerwelt und wie es Ihnen dabei geht.

Sie möchten den Jahreslauf mit den zwölf Monaten zusammenfassen. Dazu eignen sich zwölf Elfchen (siehe S. 33), zwölf Haikus (siehe S. 34) oder freie kurze Gedichte mit wenigen Zeilen, die sich nicht reimen müssen.

Sie können auch für jeden Monat ein paar wichtige Ereignisse aufschreiben und so einen persönlichen Jahreslauf erstellen.

Oder Sie schreiben an Ihren Lieblingsmonat einen Liebesbrief. Zum Beispiel einer mit genau zwanzig Worten. Das ist eine kleine spielerische Herausforderung und macht Spaß.

Und zu guter Letzt: Was würden Sie tun, wenn Sie das kommende Jahr regieren könnten? Joachim Ringelnatz hat es versucht und folgendes Gedicht geschrieben:

Ich würde vor Aufregung wahrscheinlich
Die ersten Nächte schlaflos verbringen
Und darauf tagelang ängstlich und kleinlich
ganz dumme selbstsüchtige Pläne schmieden

Dann – hoffentlich – aber laut lachen
Und endlich den lieben Gott abends leise
Bitten doch wieder auf seine Weise
Das neue Jahr göttlich selber zu machen

3.10 Schreiben in der Natur

„Man kann einen seligen, seligsten Tag haben, ohne etwas anderes dazu zu gebrauchen als blauen Himmel und grüne Erde."
(Jean Paul)

Viele Menschen sind gerne in der Natur und genießen die Ruhe und Stille sowie die Möglichkeit, sich zu regenerieren. Natur ist für sie im stressigen Alltag eine Insel der Ruhe. Den Alltag mit ihren Sorgen und Nöten lassen sie weit hinter sich, genauso wie Gedanken, die sich im Kreis drehen. Die Natur ist eine Kraftquelle, sie ist ein Mikrokosmos und zugleich ein Makrokosmos. Sie verändert sich von Stunde zu Stunde, von Tag zu Tag und weckt unsere Sinne. Sie zeigt uns auf vielfältige Weise, wie sinnvolles Zusammenwirken aussehen kann.

Wir können die Elemente des Seins immer wieder direkt erfassen, zum Beispiel den Rhythmus des Meeres, der stimmig ist, auch ohne Eingriff des Menschen. Diese Stimmigkeit ist eine Voraussetzung dafür, dass wir eine Landschaft als erholsam erleben. In der Natur begegnen wir aber auch dem Geheimnisvollen und der Lust, dieses Neue zu erforschen.

Um noch tiefer mit dem Wesen der Natur verbunden zu sein, ihr nachzuspüren und ihre Wirkung zu erfahren, sind Papier und Stift ideal. Schreiben in der Natur ist somit auch eine Schule der Achtsamkeit. Und Natur ist überall dort, wo es Leben gibt.

Wer gerne fotografiert, kann gerne auch Text und Bild mithilfe der folgenden Praxisbeispiele verbinden.

Ideen zum Schreiben in der Natur

Sinnlich schreiben

Notieren Sie drei Geräusche oder Klänge, die Ihnen unterwegs begegnen. Das kann der eigene Schritt sein, ein Wassergeräusch, Vogelgezwitscher etc. Dann notieren Sie drei Tastempfindungen, zum Beispiel wie Sie den Boden wahrnehmen, auf dem Sie gehen, Ihre kalten Wangen, einen Tannenzapfen oder einen Stein in der Hand. Nun wählen Sie drei Dinge aus, die Sie sehen.

Nehmen Sie sich Zeit und schreiben Sie einen Text, der alle diese Sinneswahrnehmungen enthält.

Das Wasser

Sie gehen entlang eines Flusses, eines Baches oder stehen vor einem Wasserfall. Nehmen Sie die Bewegung des Wassers auf. Befindet sich ein Objekt, ein menschliches Wesen auf dem Wasser? Sehen Sie auf den Grund? Spiegelt sich die Landschaft? Von wo kommt das Wasser, wohin fließt es? Wie verbunden fühlen Sie sich mit dem Wasser?

Wolken

Nichts ist so erholsam, wie auf dem Boden zu liegen und in den Himmel zu schauen. Was für Wolkengebilde sehen Sie? Lassen Sie Ihrer Fantasie freien Lauf. Genießen Sie die Weite. Werden Sie wieder zum Kind.

Mitten in der Natur sein

Wählen Sie einen bequemen Platz und schließen Sie die Augen. Nehmen Sie Ihren Atem wahr. Wie fühlen Sie sich? Öffnen Sie die Augen und nehmen Sie die Landschaft, die Natur wahr.

Beachten Sie Ihre innere und äußere Wahrnehmung und schreiben Sie einen Text. Er muss nicht strukturiert sein; es geht um Ihre Wahrnehmung.

Auf du und du mit einem Vertreter der Natur

Wählen Sie einen Baum. Befreunden Sie sich mit ihm. Er hört Ihnen zu. Gehen Sie langsam auf ihn zu und nehmen Sie dabei wahr, was für Wurzeln er hat. Erfühlen Sie seinen Stamm, seinen Umfang. Betrachten Sie seine Verzweigungen, die Rinde, Äste, Früchte. Hat er Moos angesetzt, Verdickungen, Spaltungen? Schreiben Sie ihm einen Brief oder einen Text in der Du-Form.

Wechseln Sie die Perspektive und freunden Sie sich mit einer Ameise an, die auf dem Weg zum Ameisenhaufen ist, oder mit einer Pilzfamilie. Indem Sie hinschauen und hinhören und Ihre Sinne weit öffnen, werden Sie angesprochen und es gelingt Ihnen, zuzuhören, was der Baum, die Ameise, die Pilzfamilie oder der Specht gerade erzählen.

Gehen Sie noch einen Schritt weiter und schreiben Sie in der Ich-Form ein paar Zeilen, indem Sie der Baum, die Ameise, der Specht oder der Pilz sind.

Suchen und Finden

Suchen Sie etwas Schönes, Farbiges, Weiches, Hartes, Gerades, Krummes, Symbolartiges. Legen Sie die Gegenstände auf ein Tuch und schreiben Sie einen Text. Oder wählen Sie einen einzigen Gegenstand und beschreiben Sie ihn.

In Anne Morrow Lindberghs Buch *Muscheln in meiner Hand* findet sich folgender Gedanke: „… sie ist einfach schön. Klein wie ein Daumen und bis ins kleinste Detail von vollkommener Form. In der Mitte wie eine Birne anschwellend, schraubt sie sich in einer sanften Spirale bis zur nadelscharfen Spitze."

Kontemplation in der Natur

Bei dieser Schreibsequenz geht es um das freie, nicht ergebnisorientierte Assoziieren, Denken und Fühlen Es geht um den Augenblick, um das Hier und Jetzt. Da, wo Sie sich gerade befinden. Schreiben Sie einen Text aus der Verbundenheit mit einer Landschaft heraus, betrachten Sie ein Naturobjekt, empfinden Sie eine Atmosphäre. Wichtig ist, auf die Assoziationen zu achten, also auf die Gedanken, inneren Bilder, Erinnerungen, Fantasien und Gefühle. Das Schreiben sollte keine Anstrengung sein, lassen Sie es fließen (siehe „Automatisches Schreiben", S. 28).

Wahrnehmen, was sich in der Natur verändert

Unsere Wahrnehmungen verändern sich ständig. Man steigt niemals in den gleichen Fluss; das wusste schon Heraklit. Wir alle wissen, dass es so ist. Deshalb ist es schöpferisch und zugleich unerschöpflich, Veränderungen in der Natur zu betrachten. Wir beobachten, was sich zu den verschiedenen Jahreszeiten verändert hat, und können diesen Wandel schreibend gestalten, wenn wir immer wieder den gleichen Ort aufsuchen. Dazu eignet sich vielleicht ein Garten in Ihrem Wohnort oder, wie Guido Stefani unten dokumentiert, ein Ort in der Natur, der zu einem Lieblingsort wird. Der Chronist Guido Stefani geht seit sieben Jahren regelmäßig mit Stift, Notizbuch und Kamera auf das Baarburg-Plateau und notiert an einem bestimmten Ort die Veränderungen in der Landschaft.

Eine Eibe, vielleicht etwa acht Meter hoch, wird durch den Schnee im Hintergrund hervorgehoben und zeigt sich in ihrer ganzen Pracht. Bis vor einigen Jahren stand daneben eine zweite, ähnlich große Eibe. Ein weiblicher und ein männlicher Baum – ein schönes Paar. Leider wurde einer der beiden bei einem Sturm von einem umgerissenen großen Baum geknickt. (12. Januar 2019 / B 2380)

Ich erzähle ihm von der seit Jahren abgestorbenen Buche mit den auffällig nach oben gebogenen Ästen (die ich wegen ihrer eigentümlichen Schönheit auch einmal fotografierte) und die bei der letzten Fällaktion völlig unnötigerweise auch gefällt worden ist, obwohl sie abseits von allen Wegen niemanden gefährdete. (17. Februar 2019 / B 2385)

Da das Unterholz noch kahl ist und die Brombeerranken vom Schnee niedergedrückt sind, kommen die verschiedenen Asthaufen, die man im Holzschlaggebiet aufgeschichtet hat, markant zur Erscheinung. Darunter hat es ein paar sehr schöne Exemplare. Es wird interessant sein zu beobachten, wie sie mit der Zeit überwachsen werden, vielleicht von Tieren bewohnt, um schließlich langsam zu schwinden. (17. März 2019 / B 2389)

Auf dem Plateau sind in den letzten Wochen wieder etwa zwei Dutzend Bäume gefällt worden. Bis vor einigen Jahren war hier oben noch fast durchgehend dunkler Wald. Der Sturm Lothar hatte um die Jahrtausendwende eine erste Schneise vom Westrand gegen die Mitte gerissen. Diese ist nun aber in den letzten Jahren stark vergrößert worden. Wenn das so weitergeht, ist die ganze Hochebene kahl. Bis hier wieder ein ausgewachsener Wald steht, wird es Jahrzehnte dauern, und ich persönlich werde das mit meinen 72 Jahren nicht mehr erleben. (24. März 2019 / B 2390)

Die Farbe Grün

Grün hat eine harmonisierende Wirkung und strahlt Natürlichkeit und Jugendlichkeit aus. Im Christentum ist sie eine heilige Farbe. Sie gehört zu den liturgischen Farben und steht für Leben, Wachsen, Reifen und Hoffen.

Setzen Sie sich auf eine Wiese, betrachten Sie die Landschaft und schreiben Sie einen Text zu der Farbe Grün. Ebenso eignet sich zu diesem Thema ein Elfchen (S. 33) oder ein Haiku (S. 34).

Atmosphären, Stimmungen in der Landschaft

Betrachten wir eine Flusslandschaft, dann empfinden wir eine andere Atmosphäre als an einem Meeresstrand, mit seinen Klippen und den tosenden Wellen. Sanfte Auenlandschaften und weite Ebenen vermitteln andere Gefühle als Gebirgslandschaften. Der Wald kann unheimlich sein und ein Tal beengend. Ein hochgewachsener 400-jähriger Bergahorn löst andere Gefühle aus als eine Wiese mit blühendem Löwenzahn. Ein Schmetterling wird vielleicht zum Symbol für den Wunsch nach Entfaltung. Und das Betrachten eines Flusses führt uns auf der metaphorischen Ebene zum Lebensfluss.

Nehmen Sie eine bestimmte Landschaft in sich auf und lassen sich überraschen, was für eine Stimmung sie auslöst. Am Schluss geben Sie Ihrem Text einen passenden Titel.

Schlendern

Schlendern heißt, sich treiben zu lassen, optischen, akustischen und anderen Reizen nachzugehen und sie aufzunehmen. Schlendern ist das Gegenteil von hetzen und getrieben werden. Wir sind mit unseren Gedanken und Gefühlen ganz bei uns selbst und gleichzeitig nehmen wir wahr, was wir sehen, hören, riechen. Schlendern ist ein Spaziergang für unsere Seele.

Nehmen Sie Papier und Stift zur Hand und schreiben Sie während des langsamen Gehens einige Worte auf, die für diesen Augenblick stimmig sind. Mit dem Handy ist das noch einfacher.

3.11 Ich und mein Umfeld

In Tagebüchern aus früheren Zeiten standen vorwiegend Fakten. Menschen schrieben auf, wie sie zum Beispiel das Wetter erlebt hatten, oder sie schrieben über die Weltlage. Es war wichtig, was sich in ihrer Familie, in ihrem Dorf ereignet hatte. Aus den Tagebucheinträgen wurde eine Chronik. Heutzutage hat dieses Traditionsbewusstsein einen anderen Stellenwert. Wir werden in den Medien von Ereignissen überschwemmt. Unmöglich, sie alle festzuhalten. Trotzdem kann es spannend sein, aus der Fülle von Ereignissen einige davon festzuhalten, besonders dann, wenn wir in irgendeiner Form mitbeteiligt waren. Wir erhalten auf diese Weise einen Einblick in unser individuelles geschichtliches Dasein, ein Erinnerungsjournal mit dem praktischen Zweck, das Gedächtnis zu entlasten.

Dazu benötigen Sie neben dem Stift Leim und eine Schere.

Ideen zum Schreiben über die persönliche Umgebung

Tageszeitung schon gelesen?

Welcher Artikel aus der Tageszeitung von heute lässt Sie nicht kalt? Kleben Sie ihn in Ihr Buch, unterstreichen Sie die wichtigsten Aussagen und notieren Sie Ihre Gedanken dazu.

Nachttischlektüre

Nicht nur die Tageszeitung kann Sie zu eigenen Reflektionen anregen, auch ein Buch kann eine wichtige Quelle darstellen. Sie lesen Seite um Seite, und plötzlich kommen Sie zu einem Abschnitt, den Sie so noch nie gelesen haben. Kopieren Sie die Seite und kleben Sie sie in Ihr Buch. Was geht Ihnen zu diesem Textauszug durch den Kopf?

Film-, Theater- oder Konzertbesuch

Wenn wir uns für einen Film oder eine Theateraufführung interessieren, lesen wir oft vorab Kritiken. Sie gewähren uns eine erste Orientierung. Doch wir sollten uns nach einem Film-, Theater- oder Konzertabend durchaus eine eigene Meinung zutrauen und sie auch schriftlich festhalten. Das muss kein abgerundetes Bild ergeben. Einige subjektive Eindrücke und Empfindungen oder ein einziger Aspekt des Gesamtgeschehens können genügen. Um solche Erlebnisse in Ihrem Buch etwas farbiger zu gestalten, eignen sich Flyer und Tickets sehr gut.

Buchzusammenfassung

Wissen Sie noch, was Sie vor einem halben Jahr gelesen haben? Nein? Eine Kopie der Inhaltsangabe eines gelesenen Buches ist nützlich. Wenn dann noch bei Lesen mitschwingende Gefühle notiert werden, wird der Inhalt nicht so schnell aus Ihrem Bewusstsein verschwinden. Sie können auch eine Rezension schreiben und sie anschließend ins Internet stellen.

Persönliche Post: Mail-Korrespondenz, Briefe, Karten

Sie haben eine wichtige Mail erhalten, die vielleicht Ihr Leben ein klein wenig verändert? Mails landen gewöhnlich im virtuellen Papierkorb. Diese aber nicht. Kleben Sie sie als Andenken oder zur Gedächtnisauffrischung in Ihr Buch. Das gilt natürlich nicht nur für virtuelle Post, sondern auch für Karten und Briefe, die Sie in Ihrem Briefkasten vorfinden.

Persönlichkeiten unserer Zeit

Welche Menschen aus Wissenschaft, Kultur und Politik beeindrucken Sie zurzeit? Schreiben Sie ein kleines Porträt über die Person/en und warum sie für Sie wichtig ist bzw. sind.

3.12 Gemeinsames Schreiben – das Paartagebuch

Gemeinsam zu schreiben ist ungewohnt. Entscheiden Sie und Ihr Partner / Ihre Partnerin sich dafür, sollten Sie beide eine gewisse Entdeckungsfreude mitbringen, aber auch Mut, sich auf Ungewohntes einzulassen. Freies Schreiben ist, wie schon erwähnt, ein Abenteuer. Wir beginnen unsere Schreibreise und wissen nicht, wohin sie führt. Beim gemeinsamen Schreiben führt die Reise bestimmt zu einem Ziel: sich besser und von einer anderen Seite her kennenzulernen und einander ein Stück weit auf einer tieferen Art zu begegnen und zu verstehen. Sie werden Berührungspunkte finden, die Ihnen Energie geben, Ihren gemeinsamen Weg weiterzugehen. Schreiben zu zweit bringt frischen Wind in die Beziehung. Es hilft auch, dann stärker verbunden zu bleiben, wenn beide einen vollen Terminplan haben und die gemeinsame Zeit knapp ist. Eine Viertelstunde gemeinsame Schreibzeit bewirkt oft größere Vertrautheit als ein ganzer Tag, an dem Sie achtlos nebeneinanderher leben und einander kaum wahrnehmen und beachten.

Sollten Sie sich entschließen, ein Paartagebuch zu führen, dann sind gemeinsame Absprachen sehr wichtig. Im Folgenden finden Sie ein paar Punkte, deren Beachtung dazu beitragen wird, dass diese Art des gemeinsamen Schreibens gelingt:

Tipps für das Führen eines Paartagebuchs

- Nehmen Sie auf die Gefühle Ihres Partners Rücksicht. Seien Sie ehrlich und trotzdem feinfühlig. Manipulieren und verletzen Sie nicht.
- Klagen Sie nicht an. Schreiben Sie nicht: „Du musst …“, „Du sollst …“ Verwenden Sie Ich-Aussagen. Schreiben Sie zum Beispiel: „Ich befürchte, dass wir das vielleicht nicht schaffen werden.“
- Selbstmitleid ist nicht angebracht, denn es bewirkt beim Partner Schuldgefühle, und die Lust, gemeinsam ein Buch zu füllen, verflüchtigt sich dann meistens recht schnell. Es wäre schade, wenn Ihr Projekt deshalb ins Wasser fiele.
- Behalten Sie das, was Sie über Ihren Partner lesen, für sich. Erzählen Sie keiner dritten Person etwas darüber. Geschriebenes wiegt schwerer als Gesprochenes. Schreiben bewirkt, dass wir mit tieferen Schichten unseres Bewusstseins in Verbindung kommen und mehr Nähe zulassen, und das auszunutzen wäre Gift für Ihre Beziehung.
- Bestimmen Sie gemeinsam einen Platz für Ihr Buch, der für Ihre Kinder und für andere Personen unzugänglich ist. Wichtig ist, dass Sie so persönlich werden können, wie Sie möchten, und keine Angst haben müssen, dass andere Ihre Gedanken und Gefühle nachlesen können.

- Empfehlenswert ist, am Anfang eine gewisse Regelmäßigkeit einzuhalten. Sprechen Sie ab, wie oft Sie schreiben möchten. Vielleicht müssen Sie beide gewisse Widerstände überwinden. Geben Sie nicht so schnell auf. Schreiben Sie weiter, auch wenn Sie etwas befangen sein sollten. Das mulmige Gefühl, vor einem leeren, weißen Blatt zu sitzen, kennen auch Schriftsteller. Zu zweit ist die Überwindung leichter.
- Das gemeinsame Schreiben ist kein Ersatz für Gespräche, aber eine ausgezeichnete Ergänzung. Sprechen Sie von Zeit zu Zeit über das, was Sie geschrieben haben, und tauschen Sie Ihre Empfindungen darüber aus.
- Wenn Sie sich über etwas nicht einig sind, wenn Sie etwas beschäftigt oder schmerzt, dann kann es sinnvoll sein, schreibenderweise ganz langsam und sachte aufeinander zuzugehen. Es ist dann besonders wichtig, dass Sie nicht anklagen und einander keine Vorwürfe machen, sondern sachlich bleiben. Lassen Sie sich bei einem Problem genügend Zeit, es zu lösen, und reden Sie erst später darüber. Ein weiterer Tipp: Schließen Sie einen gefühlsmäßig schwierigen Eintrag mit einem positiven Gedanken ab.
- Diskussionen über Orthografie und Stilistik sind tabu. Wenn ein Partner sich schriftlich besser ausdrücken kann als der andere, sollte dies kein Hindernis für die Verständigung sein. Es geht beim gemeinsamen Schreiben nicht um Syntax-Fragen, sondern um einen gegenseitigen Austausch. In welchem Schreibstil Sie das tun ist bedeutungslos.
- Was Schreibthemen betrifft, so lassen Sie sich von den nachstehenden Ideen inspirieren, aber geben Sie Ihren eigenen Einfällen den Vortritt. Plötzlich entdecken Sie ein gemeinsames Thema, das Sie fasziniert. Bleiben Sie dabei, solange Sie mögen, bis Sie es ausgeschöpft haben.
- Fragen Sie nicht jedes Mal: „Ist es dir recht, wenn ich das und das so mache?" Auch wenn es ein gemeinsames Buch ist, gehört Ihnen die Hälfte davon, und Ihre Einträge können Sie so gestalten, wie Sie wollen
- Nehmen Sie unbedingt Ihren Humor auf Ihre Paarschreibreise mit. Jeder Eintrag macht dann viel mehr Freude und fördert die Lust, weiterzuschreiben und zu gestalten. Mit Humor gelingt oft die schwierigste Aussage. Er verletzt nicht und kann Wunden heilen.

Sind Stifte, Buntstifte, Schere und Leim griffbereit?

Ideen zum gemeinsamen Schreiben

Die Freude des Tages

„Freude lässt sich nur voll auskosten, wenn sich ein anderer mitfreut." (Mark Twain)

Freut sich jemand, dann teilt er das dem andern meist spontan mit. Schreibt er oder sie es aber zusätzlich auf, dann erleben beide die Freude beim Lesen doppelt.

Was bedeutet für Sie Frausein? Was bedeutet für Sie Mannsein?

Schreiben Sie auf, wann in Ihrem Leben und weshalb Sie sich besonders männlich bzw. weiblich gefühlt haben und wie es Ihnen dabei ergangen ist. Schreiben Sie auch darüber, wie es Ihnen heute damit geht. Lesen Sie einander Ihre Gedanken vor und beschreiben Sie in einem weiteren Text, was die Zeilen Ihres Partners, Ihrer Partnerin bei Ihnen ausgelöst haben.

Rückblick

Entscheiden Sie sich für eine bestimmte Zeitspanne. Was an gemeinsamen Erlebnissen und Erfahrungen hat Ihnen in der letzten Woche, im letzten Monat, im letzten Jahr für Ihre Beziehung Nahrung gegeben?

Wenn Sie sich für die Zeitspanne einer Woche entscheiden, werden Sie sich eher an Detailerlebnisse erinnern. Wenn Sie sich hingegen für das vergangene Jahr entscheiden, werden Ihnen wahrscheinlich markantere Ereignisse einfallen. Erstellen Sie eine Liste und markieren Sie darin jene Erlebnisse und Erfahrungen, die Sie innerhalb Ihrer Beziehung gerne wiederholen würden.

Gemeinsame Träume

Solange Sie als Paar gemeinsame Träume und Sehnsüchte hegen, bleiben Sie jung und lebendig. Schreiben Sie sie auf, auch wenn Ihnen bewusst ist, dass sie nicht sofort in Erfüllung gehen. Es könnten gemeinsame Ferien sein, eine große Anschaffung, ein Projekt, eine Vision … Malen Sie sie in den schönsten Farben aus, auch wenn Sie wissen, dass solche Träume und Sehnsüchte sich selten restlos realisieren lassen. Besprechen Sie anschließend, was Sie tun können, damit sich Traum und Wirklichkeit ein Stück weit näherkommen.

Was wünscht du dir von mir?

Hier geht es nicht darum, eine lange Liste damit zu füllen, was Sie sich von Ihrem Partner wünschen, sondern darum, etwas zu nennen, das Ihnen besonders am Herzen liegt.

Ich mag an dir …

Verliebte haben keine Mühe, ein ganzes Buch mit diesem Thema zu füllen. Frauen und Männer in einer langjährigen Beziehung brauchen dazu vielleicht etwas länger. Überlegen Sie – unabhängig von der Dauer Ihrer Beziehung –, was Sie an Ihrem Partner mögen, im Sinne von: „Mein Partner ist mein bester Freund." Erstellen Sie eine serielle Liste, die mit jedem Satz: „Ich mag an dir …" beginnt (siehe S. 71). Nennen Sie mindestens zehn Punkte und vermeiden Sie verallgemeinernde Begriffe wie „nett", „freundlich", „angenehm".

Ich möchte mit dir …

Richten Sie Ihr Augenmerk nicht auf Träume und Sehnsüchte, sondern auf eine reale Situation, die Sie gerne mit Ihrem Partner innerhalb einer bestimmten Zeit realisieren möchten. Schreiben Sie einen Wunsch auf und reden Sie miteinander darüber, ob und wann sich dieser Wunsch umsetzen lässt.

Ein sinnlich-erotisches Erlebnis beschreiben

Erinnern Sie sich an ein gemeinsames erotisches Erlebnis, das Sie einst irgendwo, irgendwann so richtig mit all Ihren Sinnen genossen haben? Schildern Sie es möglichst ausführlich, farbig und anschaulich. Beschreiben Sie es in der Gegenwart, so als wäre der Liebesrausch erst gerade gestern gewesen. Geben Sie es Ihrem / Ihrer Liebsten zu lesen und freuen Sie sich daran, dass Sie dieses Liebesfest nicht vergessen haben.

Vielleicht kennen Sie sich noch nicht so lange. Dann schreiben Sie eine erotische Geschichte in Ihr gemeinsames Tagebuch, die Sie gerne zusammen erleben möchten. Seien Sie auch hier möglichst detailgetreu. Haben Sie keine Angst vor dem Erwartungsdruck. Genauso, wie Sie die Szene beschreiben, wird Ihr gemeinsames sexuelles Abenteuer wahrscheinlich nicht sein. Doch Ansätze können Sie bestimmt verwirklichen. Wichtig: Humor und Leichtigkeit auf die sinnliche Reise mitnehmen.

Ein Liebesbrief in 20 Worten

Schreiben Sie einen Liebesbrief in genau 20 Worten, und sagen Sie sich nicht schon im Vorneherein, dass Sie das nicht können. Es ist gar nicht so schwer. Beginnen Sie einfach mit den klassischen Worten: „Liebe(r) …"

Oder als Alternative: Schreiben Sie einen Liebesbrief in einem Satz!

Liebe ist …

Vielleicht erinnern Sie sich an die kleinen Bilderbücher von Kim Grove zum Thema: „Liebe ist …" Liebe hat unzählig viele Facetten. Liebe ist Hingabe, ist gegenseitiges Helfen, vom andern einen Schnupfen bekommen, ist zusammen unter einer Decke zu stecken, ist …

Zählen Sie möglichst viele anschauliche Beispiele auf, was Sie unter Liebe verstehen, und freuen Sie sich an den gegenseitigen Einträgen.

Wunschzettel

Ein Kind füllt einen Wunschzettel spielend von oben bis unten aus. Können Sie das auch noch? Schreiben Sie beide auf, was Sie sich materiell wünschen. Gummibärchen vielleicht, eine rote Rose, eine Havanna-Zigarre, einen roten Schlips … Genießen Sie das Wünschen.

Hochzeitstag

Schreiben Sie gemeinsam die Geschichte Ihrer Hochzeit oder eines anderen besonderen Festes in Form eines Kettentextes auf. Einer beginnt mit den ersten beiden Sätzen, der andere fährt fort, indem er ebenfalls zwei Sätze schreibt. Im Wechsel tragen Sie also beide jeweils zwei Sätze zur Erzählung bei.

Die Assoziationen des Partners hauchen den eigenen Erinnerungen neues Leben ein. Längst vergessene Bilder tauchen auf und sind plötzlich wieder so nah, als wäre dieser Tag erst gestern gewesen. Kosten Sie Ihre Erinnerungen aus und machen Sie anschließend ein kleines Fest daraus.

Dankbarkeit

Erstellen Sie zusammen ein ABC-Darium (siehe S. 35), und schreiben Sie auf, was Sie an Ihrer Beziehung freut, wofür Sie dankbar sind. Ein ABC-Darium ist eine gute Gelegenheit, Vergessenes später zu ergänzen.

Werte

Welche Werte bilden das Fundament Ihrer Beziehung? Wie wichtig sind Ihnen Treue, Ehrlichkeit, Gerechtigkeit, Religiosität? Schreiben Sie je einen Text zu einem gewählten Thema und vergleichen Sie anschließend Ihre Gedanken.

Wie sieht die gemeinsame Zukunft aus?

Schildern Sie einen fiktiven Tagesablauf im Jahr XYZ. Wie stellen Sie sich Ihren Alltag vor, wenn die Kinder erwachsen oder Sie im Pensionsalter sind? Welche Erwartungen und Hoffnungen haben Sie? Welche gemeinsamen Interessen möchten Sie pflegen?

Lebensgrundsätze

Lebensgrundsätze helfen in schwierigen Lebenssituationen. Wir haben sie von unseren Eltern mitbekommen und im Lauf der Jahre einige davon durch Lebensumstände und Umwelteinflüsse umgewandelt und verändert. Das Wort „Lebensgrundsatz“ an sich klingt streng. Es weckt die Assoziation von festgefahren, unumstößlich. So muss es nicht sein. Wir ändern uns und mit uns unsere Lebensgrundsätze.

Schreiben Sie aus Ihrer persönlichen Lebensphilosophie heraus so viele Lebensgrundsätze auf wie möglich, in dem Bewusstsein, dass einige davon vielleicht in zehn Jahren völlig anders aussehen. Folgende Anfangssätze könnten Ihnen dabei helfen:

Freiheit ist …
Luxus ist …
Bescheidenheit ist …
Der Tod ist …
Die Ehe ist …

Vervollständigen Sie die Liste mit weiteren Begriffen. Schon wenige Sätze können eine Diskussion auslösen.

Gemeinsame Chronik

Sind Ihnen die oben erwähnten Ideen zu persönlich? Dann schreiben Sie gemeinsam eine Chronik. Was haben Sie wann gemeinsam erlebt? Ausstellungen, Kino- und Theaterbesuche, Fahrradtouren, Wanderungen, Badeferien, besondere Essen in Restaurants?

Kleben Sie Anzeigen, Adressen, Werbeflyer … in Ihr Buch und schreiben Sie jeweils ein paar Gedanken als Erinnerung dazu. Später, viel später dann das gemeinsame: „Weißt du noch …?“

3.13 Das Familientagebuch

Sie sind als Familienoberhaupt voll im Element und genießen es, Mutter und Vater zu sein. Selbstverständlich gibt es Momente, in denen Sie Ihre Kinder auf den Mond schießen könnten … Dann wieder erleben Sie sich geborgen und aufgehoben im Familienclan.

Die Zeit rast, die Kinder werden größer, entwickeln sich, und damit ändert sich auch der Familienalltag. Andere Aktivitäten kommen zum Zug, die Interessen gehen auseinander, die Wünsche werden vielfältiger. Sie als aktive Eltern gehen mit der Zeit, zögern manchmal, schreien hin und wieder: „Halt!" Und ehe Sie sich versehen, sind Ihre Kinder schon ausgeflogen. Sie schauen zurück – vielleicht mit einem leisen Bedauern – und staunen über die rasend schnell vorbeigeflogenen Familienjahre.

Ein Familientagebuch hilft, die gemeinsam verbrachten Stunden zu dokumentieren. Von welch spannenden Abenteuern Sie doch im vorvorletzten Urlaub überrascht wurden. Da war doch diese Irrfahrt mitten in der Nacht, bis der Campingplatz endlich gefunden war. Ihr kleiner Sohn hat eine Zeichnung gemacht. Mit großen, noch ungelenken Buchstaben steht darunter: „Wir haben uns verfaren. Eine Frau im Nachthemt zeigt uns den Weg."

Ein Familientagebuch führt die verschiedenen Interessen ein Stück weit zusammen. Das, was gerade erlebt wurde, wird in irgendeiner Form festgehalten. Die Eltern schreiben eine Momentaufnahme aus ihrer Arbeitswelt auf. Die Tochter notiert, wie viele Bahnen sie heute geschwommen ist, der Sohn klebt einen Sticker aus seinem Fußballklub in das Buch und schreibt die Namen der Spieler auf. Selbst ein ganz gewöhnlicher Alltag besteht aus tausend Möglichkeiten. Halten Sie einige davon fest.

Tipps für das Führen eines Familientagebuchs:

- Wählen Sie ein großes Buchformat. Gerade kleinere Kinder brauchen viel Platz zum Gestalten und die Erwachsenen lernen, großzügig mit einer leeren Seite umzugehen.
- Ein gemeinsames Tagebuch zu führen sollte nichts mit Schule, Leistung und Fleiß zu tun haben. Die Kinder dürfen so viel falsch machen, wie sie wollen, und die Eltern sollten sich in ihrem Eifer zurückhalten, beiläufig noch schnell einen Rechtschreibfehler auszumerzen. Den Kindern könnte sonst rasch die Lust verloren gehen, sich auszudrücken. Verfassen Sie auch Ihre Einträge in einer schlichten, einfachen Sprache.
- Grundsätzlich ist jeder Eintrag willkommen. Kleinere Kinder malen vielleicht ein Fantasiemuster oder kleben ein Bild ins Buch, das ihnen gefällt. Es ist wichtig,

dass die Eltern sich, was Ästhetik und Schönheit betrifft, zurückhalten. Kreativität kommt vor Schönheit.

- Verwenden Sie für Ihr Buch Fotos, Karten, Eintrittstickets, Fahrscheine, Schokoladenpapierchen, gepresste Blumen, Briefe etc. Leim und Buntstifte sollten stets griffbereit sein.
- Legen Sie Ihr Familienbuch an einen Ort, wo es für alle sichtbar ist. Ermuntern Sie hin und wieder Ihre Kinder dazu, etwas hineinzuschreiben, aber tun Sie es nicht zu oft. Tagebuch schreiben sollte keine zu erfüllende Hausaufgabe, kein Muss sein.
- Ein rundum gestaltetes Familienbuch, von der ersten bis zur letzten Seite mit Fantasie und Kreativität gespickt: Wäre das nicht ein willkommener Anlass für einen nächsten gemeinsamen Ausflug, und sei es nur zur nächsten Eisdiele?

3.14 Gemeinsames Schreiben – das Ping-Pong-Spiel

Wie der Name bereits verrät, ist das Ping Pong ein Schreibspiel zu zweit. Es verspricht viel Spaß, wenn die Schreibenden einige wenige Regeln beachten.

Einer von Ihnen schreibt in das gemeinsame Buch einen Satz an die Partnerin bzw. den Partner. Der Mitspieler greift nun ein Wort aus diesem Satz heraus und benutzt es als Titel. Was kommt ihm spontan in den Sinn, wenn er an das Wort denkt? Diesen Gedanken notiert er und überlässt seinen Text anschließend dem Partner. Dieser lässt sich vom Text inspirieren, greift wiederum ein Wort heraus, nimmt es als Titel und hält seine Gedanken dazu fest. So geht das Spiel pingpongartig hin und her. Es kann beliebig lang gespielt werden. Irgendwann ist das Feuer jedoch erloschen, wie bei jedem Spiel.

Tipps:

- Überlegen Sie nicht zu lange. Schreiben Sie unbekümmert, was Ihnen in die Feder fließt. Vergessen Sie nicht: Sie spielen.
- Bleiben Sie während des Schreibens ganz bei sich und ignorieren Sie den Text Ihres Schreibpartners.
- Lassen Sie einander Zeit.
- Dieses Schreibspiel kann man gut auch elektronisch spielen.[1]

Beispiel

*Zwischendurch ein Schokolädchen, zwischendurch ein versteckter **Kuss**, zwischendurch ein Gläschen Rotwein, zwischendurch ein kleines Geheimnis. Das ist das Salz des Lebens.*

Kuss
*Das Spektrum eines Kusses reicht von drei Kitzelchen auf die Backen, die sich manchmal wie eine Fliegenbegrüßung anfühlen, bis zum schwindelerregenden **Urknall** des eigenen Körpers. Dann ist nichts mehr so, wie es noch vor Sekunden war.*

1 Es gibt seit vielen Jahren eine webbasierte Version dieses Spiels, den Assoziations-Blaster. ↗ https://www.assoziations-blaster.de/

Urknall

Wie ist die Welt entstanden? Die einen glauben an den Urknall, die anderen an die Siebentageschöpfung. Ich ziehe Ersteres vor, denn **Weltbewegendes** *geschieht explosionsartig.*

Weltbewegendes

Wenn ich im Fernsehen Bilder von Gräueltaten im Nahen Osten sehe und eine Ballung Männer in Kriegsmontur schreien höre, versuche ich, meine Gefühle ***im Griff*** *zu haben. Also Augen zu, den Verstand einschalten und versuchen, in meinem Umfeld, so gut ich kann, human, wach und mutig zu sein.*

Im Griff

Schon längst habe ich es aufgegeben, irgendetwas wirklich im Griff zu haben. Manchmal denke ich, es müsste einen Handlauf fürs Leben geben, an dem man sich in jeder Situation ***festhalten*** *kann.*

Festhalten

Festhalten kann ich mich nicht an einem Du. Es könnte vor mir ***sterben****. An einem Engel? Nur wenn er mir Flügel gäbe.*

Sterben

Je älter wir werden, desto öfter werden wir mit dem Sterben konfrontiert. Macht das unseren eigenen Tod einfacher. ***Fragezeichen****.*

Fragezeichen

Es gibt so viele Fragen, die nicht beantwortbar oder ein paar Jahre später schon veraltet sind. Trotzdem freue ich mich über jede echt gestellte Frage, die mir beweist, dass ich meinem Gegenüber nicht gleichgültig bin.

(Brigitta Gerig und RMD)

4. Was bleibt? Den roten Faden aufspüren

Ihr Buch ist vollgeschrieben. Sie blättern eine Seite nach der anderen um, lesen die eine oder andere Überschrift, die unterstrichenen, fett gedruckten Worte und Sätze, beachten die Frage- und Ausrufezeichen und stoßen so auf Einträge, die Sie bereits vergessen haben. Denn prallvoll waren die Erlebnisse und Eindrücke. Eine Sammlung von erzählten Erinnerungssplittern ist entstanden. Und so sieht auch Ihr Tagebuch aus: Es sprüht vor Leben. Doch alles, was Sie „gestern" aufgeschrieben haben, betraf damals das „Hier und Jetzt", nicht das „Hier und Jetzt" von heute.

Tagebuchschreiben geschieht aus dem Augenblick heraus, entlastet den Moment und macht frei für die Gegenwart und die unmittelbare Zukunft, die auf Sie zukommen wird, wenn Sie mit dem Schreiben aufhören. Darin besteht der Sinn des Tagebuchschreibens, und deshalb verstauen Sie nun Ihr Buch an einem geeigneten Platz in Ihrer Wohnung. Es symbolisiert eine vergangene Zeit, die hoffentlich für Sie – trotz schwieriger Augenblicke – eine gute Zeit war.

Eine andere Variante: Ihr Buch ist vollgeschrieben. Sie blättern eine Seite nach der anderen um, lesen die eine oder andere Überschrift, die unterstrichenen, fett gedruckten Worte und Sätze, beachten die Frage- und Ausrufezeichen und entschließen sich, Ihr Buch nochmals gründlich zu lesen. Dabei stoßen Sie auf Überraschungen. „Was, das habe ich damals schon geahnt?", staunen Sie. „Wie kommt es, dass ich gerade auf diesen Gedanken kam?", fragen Sie sich. „Gar nicht so nichtssagend, wie ich gemeint habe" und: „Mein Leben im letzten Jahr war ja spannender, als ich gedacht habe", stellen Sie erfreut fest.

Ihre Einträge liegen wie Puzzleteile vor Ihnen, kreuz und quer durcheinander. Sie lesen zum Beispiel einen Eintrag über Ihre momentane Befindlichkeit und auf der nächsten Seite ein Gedicht über einen besonders schönen Rosenstrauch. Sie staunen, dass Sie sich vor einem Jahr schon die gleiche Frage gestellt haben wie heute, aber jetzt zu einer völlig neuen Antwort gekommen sind. All diese Puzzleteile ergeben nun ein Bild: das farbige Bild Ihrer aufgeschriebenen Lebenszeit. Stellen Sie sich nun vor, wie sich ein roter Faden quer durch dieses Bild hindurchzieht. Wenn dieser rote Faden Sie neugierig macht, dann lade ich sie ein, sich mit Ihrem Buch (oder den Büchern) noch etwas länger zu beschäftigen und es erst später im Regal einzuordnen oder, wenn Sie das möchten, zu entsorgen.

- Gehen Sie Eintrag für Eintrag nochmals durch. Lesen Sie die Überschriften und vor allem die unterstrichenen und fett geschriebenen Gedanken. Was für einen Gesamteindruck haben Sie jetzt? Was für ein Titel würde zu Ihrem Buch passen? Dieser Titel ist der rote Faden, der sich quer durch Ihr Buch zieht.
- Suchen Sie nach einem passenden Vergleich für die Zeitspanne Ihres Tagebuchschreibens, beispielsweise: „Das letzte halbe Jahr war für mich wie eine Achterbahn."
- Schreiben Sie eine Zusammenfassung über die Zeit, von der Ihr Buch handelt. Das kann eine Gesamtzusammenfassung sein, aber auch eine Zusammenfassung einzelner Aspekte, die Ihnen wichtig sind. Nachstehend finden Sie Anregungen dazu. Selbstverständlich können Sie andere Schwerpunkte setzen.

Erlebnisse: Was für Erlebnisse haben Sie in Ihrem Buch dokumentiert? Sind es solche, die Sie gesucht oder herbeigesehnt haben? Sind es solche, die für Sie selbst überraschend kamen? Welche waren „schicksalshaft"? Welches Ereignis beeindruckte Sie am meisten? Welches ließ Sie kalt? Welches möchten Sie am liebsten nochmals erleben?

Gefühle: Welchen Gefühlen waren Sie über die Dauer einer bestimmten Zeit unterworfen? Gab es Stimmungsschwankungen oder stellen Sie eine Zeit der Stabilität fest? Hat sich eine Hauptstimmung, ein vorherrschendes Gefühl, durch all die Einträge in Ihrem Buch hindurchgezogen?

Ausdrucksweise: Wie kreativ, wie ausdrucksstark, wie fantasievoll empfinden Sie sich? Das hat nicht allein mit Ihrer Gestaltungs- und Experimentierfreudigkeit in Ihrem Tagebuch zu tun, sondern mit der Lust am Sich-Ausdrücken im Allgemeinen.

Haben Sie einige Ideen in die Tat umgesetzt? Ist es Ihnen gelungen, einen Einfall kreativ zu gestalten? Haben Sie ein Problem auf unkonventionelle Weise gelöst? Wo sind Sie bei der Arbeit, wo in der Freizeit schöpferisch tätig gewesen?

Gedankenkraft: Welche Gedanken haben Sie in Ihrem Buch neu entdeckt? Vielleicht sind es unerwartete Einfälle? Welche würden Sie am liebsten groß an die Wand hängen? Welche Gedanken gefallen Ihnen nicht? Welche sind eher abstrakt, philosophisch, welche praktisch umsetzbar? Welche sind Ihnen fremd geworden, obwohl sie von Ihnen stammen? Welche Einfälle sind witzig?

Fassen Sie – falls Sie Lust haben – alle wichtigen Gedanken Ihres Buches zusammen. Kaufen Sie dafür ein neues Buch und schreiben Sie die wichtigsten Sätze bzw. Gedanken auf je eine Seite.

Absichten und Ziele: Wo in Ihrem Tagebuch entdecken Sie den Wunsch, etwas zu verändern? Was würden Sie gerne anders machen? Welche Wünsche möchten Sie in die Tat umsetzen? Welche konkreten Schritte haben Sie aufgeschrieben? Welche davon sind bereits realisiert?

Themen: Welche Themen in Ihrem Buch haben sich auf Ihr Leben ausgewirkt? Sind sie abgeschlossen oder noch so neu, dass Sie sie weiterverfolgen möchten? Wie gehen Sie vor?

Erkenntnisse: Haben Sie neue Erkenntnisse gewonnen? Welche sind Ihnen am wichtigsten? Sind es Erkenntnisse, die Sie eher freuen oder belasten?

Überraschungen: überraschende Gedanken, überraschende Erkenntnisse, überraschende Erlebnisse: Was hat Sie überrascht? Wen haben Sie überrascht? Wo haben Sie für Überraschungen gesorgt? Wie haben Sie sie empfunden, welche waren positiv, welche negativ?

Betroffenheit, Versäumnis: Welche Situationen haben Sie betroffen gemacht? Wie haben Sie sich dabei verhalten? Welches Gefühl war vorherrschend? Ist die Betroffenheit noch da? Haben Sie jemanden, mit dem Sie darüber reden können? Können Sie ein Versäumnis wiedergutmachen?

Verletzungen: Was oder wer hat sie verletzt? Ist diese Verletzung noch spürbar? Wie gehen Sie mir ihr um? Sind Freunde da, die Ihnen helfen, damit fertigzuwerden? Haben Sie selbst jemanden verletzt?

Freude: Was hat Sie besonders gefreut? Haben Sie diese Freude genossen? Können Sie sie mit jemandem teilen?

Glück: Glücksaugenblicke sind goldene Tupfer in Ihrem Buch. Wo gibt es solche Tupfer? Bei welcher Gelegenheit sind sie aufgetreten?

Lernen: Was haben Sie über die Zeit Ihres Tagebuchschreibens gelernt? Bezieht es sich auf das Schreiben? Was haben Sie dabei wahrgenommen und gleich umgesetzt? Welche Erkenntnisse haben Sie daraus gezogen?

Stolz sein: Was hat Sie mit Stolz erfüllt? War es eine Einsicht oder eine mutige Tat? Sind Sie über den eigenen Schatten gesprungen? Haben Sie sich hoffentlich mindestens auf die Schulter geklopft? Wenn nicht, dann holen Sie es gleich nach.

Spaß: Wann haben Sie sich zuletzt amüsiert? Zu welchem Anlass konnten Sie wieder einmal ganz Kind sein und ausgelassen so richtig genießen, ohne den täglichen Ballast im Rücken zu spüren? Haben Sie insgesamt genug Spaß gehabt oder möchten sie in Zukunft hier etwas ändern?

Familie und Freunde: Wie geborgen fühlten Sie sich in Ihrem Familien- und Freundeskreis? Waren die Phasen des Alleinseins und die Stunden, die Sie gemeinsam mit anderen verbrachten, für Sie in guter Balance? Fanden Begegnungen statt, die Sie missen möchten? Kamen Sie sich ausgenutzt vor? Oder beschenkt? Wer war Ihnen besonders wichtig?

Wenn Sie all diese Fragen beantwortet haben, stoßen Sie wahrscheinlich auf Schwerpunkte. Wie von selbst kristallisieren sich übergeordnete Themen heraus. So ergibt sich aus der Fülle der Antworten so etwas wie ein Tagebuchmotto oder, anders ausgedrückt: das Lebensmotto aus der Tagebuchzeit.

Wie lautet Ihr Motto?

Literatur

Amelung, Christa-Maria (2010): *Spannende Biografien schreiben!* Steinhagen: Amelung Verlag.

Ausländer, Rose (2015): *Gedichte.* Frankfurt a.M.: Fischer.

Brainard, Joe (2011): *Ich erinnere mich.* Zürich: Walde und Graf.

Brecht, Bertold (1971): *Geschichten vom Herrn Keuner.* Frankfurt a.M.: Suhrkamp.

Burkart, Erika (2012): *Grundwasserstrom. Aufzeichnungen.* Gräfeling: editionfünf – Verlag Silke Weniger.

Cameron, Julia (2018): *Von der Kunst des kreativen Schreibens.* Berlin: Autorenhaus-Verlag.

Contzen, Angela C. (2017): *Die Wurzeln unserer Kultur.* Berlin: Europa Verlag.

Domin, Hilde (2009): *Sämtliche Gedichte.* Frankfurt a.M.: Fischer.

Frisch, Max (1950): *Tagebücher 1946–1949.* Frankfurt a.M.: Suhrkamp.

Frisch, Max (1972): *Tagebücher 1966–1971.* Frankfurt a.M.: Suhrkamp.

Frisch, Max (2019): *Fragebogen.* Erweiterte Ausgabe. Berlin: Suhrkamp.

Gerig-Wildermuth, Brigitta & Meier-Dell'Olivo, Rosemarie (2013): *Ping Pong. Schreiben zu zweit.* Oberengstringen: Claudia Wartmann Natürlich.

Handke, Peter (1979): *Das Gewicht der Welt – ein Journal.* Frankfurt a.M.: Suhrkamp.

Heimes, Silke (2015): *Schreib es dir von der Seele. Kreatives Schreiben leicht gemacht.* Göttingen: Vandenhoeck & Ruprecht.

Heimes, Silke 82013): *Kreatives und therapeutisches Schreiben. Ein Arbeitsbuch.* Göttingen: Vandenhoeck & Ruprecht.

Heimes, Silke; Rechenberg-Winter, Petra & Haussmann, Renate (2013): *Praxisfelder des kreativen und therapeutischen Schreibens.* Göttingen: Vandenhoeck & Ruprecht.

Helbich, Ilse (2012): *Grenzland, Zwischenland.* Graz: Droschl.

Huppertz, Michael & Schatanek, Verena (2015): *Achtsamkeit in der Natur.* Paderborn: Junfermann.

Keen, Sam (1993): *Die Lust, ich zu sein.* Bergisch Gladbach: Bastei Lübbe.

Kindl-Beilfuss, Carmen (2013): *Fragen können wie Küsse schmecken.* Heidelberg: Carl-Auer-Verlag.

Kreitmeir, Christoph (2014): *Sehnsucht nach Spiritualität.* Gütersloh: Gütersloher Verlagshaus.

Lichtenberg, Georg Christoph (2012): *Sudelbücher.* Wiesbaden: Marix.

Limbach, Jutta (2004): *Das schönste deutsche Wort.* München: Hueber-Verlag.

Limbach, Jutta (2005): *Der schönste erste Satz.* München: Hueber-Verlag.

Lindberg Morrow, Anne (1994): *Muscheln in meiner Hand.* München: Piper.

Lukesch, Barbara & Spörri, Balz (2008): *Starke Worte. 50 Persönlichkeiten über den Satz ihres Lebens.* Gockhausen: Wörterseh.

Lütkemeyer, Ilona (2007): *Mit 80 Seiten um die Welt. Schreiben unterwegs.* Berlin: Schibri-Verlag.

Mahrenholtz, Katharina & Parisi, Dawn (2018): *Luftikus und Tausendsassa – verliebt in 100 vergessene Wörter.* Berlin: Dudenverlag.

Marti, Kurt (1995): *Im Sternzeichen des Esels. Sätze, Sprünge, Spiralen.* Zürich: Nagel & Kimche.

Marti, Lorenz (2017): *Der innere Kompass. Was uns ausmacht und was wirklich zählt.* Freiburg: Herder.

Matter, Mani (2003): *Sudelhefte – Rumpelbuch.* Basel: Zytglogge.

Moeller, Michael Lukas (2010): *Die Wahrheit beginnt zu zweit. Das Paar im Gespräch.* Reinbek: Rowohlt.

Ortheil, Hanns-Josef (2012): *Schreiben auf Reisen. Aufzeichnungen von unterwegs.* Mannheim: Dudenverlag.

Ortheil, Hanns-Josef (2012): *Schreiben dicht am Leben. Notieren und Skizzieren.* Mannheim: Dudenverlag.

Petzold, Hilarion G.; Leeser, Brigitte & Klempnauer, Elisabeth (2018): *Wenn Sprache heilt. Studientexte Integrativer Therapie.* Bielefeld: Aisthesis.

Porombka, Stephan (2012): *Schreiben unter Strom. Experimentieren mit Twitter, Blogs, Facebook & Co.* Mannheim: Dudenverlag.

Rilke, Rainer Maria (2019): *Briefe an einen jungen Dichter.* Berlin: Insel-Bücherei.

Rinser, Luise (2003): *Septembertag.* Frankfurt a.M.: Fischer.

Röthlein, Brigitte (2004): *Anleitung zur Langsamkeit. Ruhiger und glücklicher leben.* München: Piper.

Schärf, Christian (2012): *Schreiben von Tag zu Tag.* Mannheim: Dudenverlag.

Shonagon, Sei (2012): *Das Kopfkissenbuch der Dame Sei Shonagon.* Berlin: Insel-Bücherei.

Ullenbrook, Jan (Hrsg.) (2015): *Haiku: Japanische Dreizeiler*, ausgewählt und übersetzt von Jan Ullenbrook. Stuttgart: Reclam.

von Hirschhausen, Eckart & Esch, Tobias (2018): *Die bessere Hälfte. Worauf wir uns mitten im Leben freuen können.* Reinbek: Rowohlt.

von Scheidt, Jürgen (2003): *Kreatives Schreiben. Texte als Wege zu sich selbst und zu andern.* Frankfurt a.M.: Fischer.

von Werder, Lutz (1996): *Erinnern, wiederholen, durcharbeiten. Die eigene Lebensgeschichte kreativ schreiben.* Berlin: Schibri-Verlag.

von Werder, Lutz; Schulte-Steinicke, Barbara & Schulte, Brigitte (2011): *Die heilende Kraft des Schreibens.* Ostfildern: Patmos.

Walser, Martin (2014): *Schreiben und Leben. Tagebücher 1979–1981.* Reinbek: Rowohlt.

Walter, Silja (2006): *Ich habe meine Insel gefunden. Geheimnis im Alltag. Tagebuch.* Freiburg: Paulusverlag.

Wehrli, Peter K. (1999): *Katalog von Allem. Vom Anfang bis zum Neubeginn. 1697 Nummern aus 40 Jahren.* München: Knaus.

Ziegler, Hilde (2014): *Während der Verlobung wirft einer einen Hering an die Decke. 198 Erinnerungen eines Kindes.* Basel: Lenos.